LA MARCA DE LA BESTIA

PETER LALONDE Y PAUL LALONDE

BETANIA

Un Sello de Editorial Caribe

© **1998 EDITORIAL CARIBE/BETANIA**
Una división de Thomas Nelson, Inc.
Nashville, TN – Miami, FL

www.editorialcaribe.com
E-mail: editorial@editorialcaribe.com

Título en inglés: *The Mark of the Beast*
© 1994 por Harvest House Publishers
Publicado por *Harvest House Publishers*

Traductor: *Ricardo Acosta*

ISBN: 0-88113-500-3

Impreso en EE.UU.
Printed in U.S.A.

Contenido

1. ¡Vaya! Conseguí tu número 5

2. Déle un beso de despedida a su dinero
   en efectivo 21

3. ¿Qué hay en las tarjetas? 47

4. Su cuerpo: la única identificación
   que necesitará 61

5. ¿Será en la mano o en la frente? 81

6. ¡Si usted no está paranoico, no está prestando
   suficiente atención! 99

7. La llegada del mundo alineado 119

8. 666: El nacimiento del sistema 137

9. La generación elegida 151

10. ¿Cuál será su posición? 173

    Apéndice: Por favor, compruebe los hechos 179

1

¡Vaya! Conseguí tu número

Myles la vio por primera vez cuando ella conducía su convertible BMW 520i negro azabache durante el pesado tráfico mañanero. En realidad, los vehículos se movían lo suficientemente rápido como para que su brillante cabello negro danzara en la brisa. Estaba despampanante y Myles pensó que debía averiguar más sobre esta belleza. Disminuyó suavemente la velocidad para poder leer la placa del vehículo. En ella solo se leía: MI JUGUETE.

Myles condujo directamente hasta el edificio donde estaba su oficina y atravesó el vestíbulo a toda prisa. *¿Por qué el elevador siempre se detiene en cada piso cuando tengo prisa?*, pensó mientras miraba los números encima de la puerta. Al fin sonó la campanilla y se abrieron las puertas corredizas.

—Buenos días, señor Thompson —dijo la hermosa recepcionista.

—Buenos días, Janice —era obvio que Myles estaba distraído— ¿Hay algún mensaje?

—Solo uno de la señora Wilson: No logra que Dennis deje de maldecir a sus profesores.

A Myles le encantaba su labor como trabajador social y en realidad se había metido de lleno en el caso Wilson. Sin embargo, en esta ocasión a duras penas lograba escuchar las palabras de Janice.

Una vez en su oficina se sentó en su escritorio, dio un golpecito seco al botón de encendido de la computadora y tamborileó con los dedos en el escritorio mientras la máquina se cargaba. Unos sonidos en el parlante le indicaron que estaba lista para empezar. Introdujo su contraseña: S-O-L-I-T-A-R-I-O. La computadora le respondió en la pantalla: *«Buenos días, Myles».*

Myles echó un vistazo a las aparentemente interminables opciones y al fin la encontró.

Presione 345 para tener acceso
al Departamento de Vehículos Motorizados.

El hombre tecleó los números y luego escribió toda la información que tenía... y la única que necesitaba.

Licencia número:
MI JUGUETE, California

La frase *«Espere, por favor»*, salió como para siempre en la pantalla. Al fin, Myles dio con una mina de oro.

Licencia: MI JUGUETE
Matrícula: California
Vehículo: BMW 520i 1998 Sedán
Matriculado por: Kathi Simpson
4565 Cedar Line Rd.
Venice, CA

Licencia de conducir #: 3453-9987-0987
Fecha de nacimiento: 25-08-65
Sexo: Femenino
Estatura: 1,60 metros
Peso 51 Kilos.

Debido a su labor como trabajador social, Myles debía investigar mucho al tratar de encontrar información sobre las familias con que trabajaba. Por experiencia sabía que el número de la licencia de Kathi era también su número de Seguro Social. Confiaba también en el hecho de que había encontrado la clave de la vida personal de esta belleza con cabello negro. Ni por un segundo tuvo en cuenta que estaba haciendo algo indebido. Así es como se hacían las cosas en su mundo moderno.

Myles manejaba el teclado con gran pericia. Entró a la base de datos que contenía la información que los empleadores debían dar a las oficinas gubernamentales de compensación por desempleo y de impuestos. ¡Sorpresa!

Empleador: Publicidad Foster, Kleiner y Brown
Cargo: Vicepresidente
Salario bruto pagado en 1997: $88.402
Ingresos en el primer trimestre de 1998: $37.500

Myles supuso que Kathi había recibido un ascenso. Basado en los ingresos del primer trimestre, ahora sabía que su salario anual era de $150.000. *Nada mal*, pensó.

A continuación Myles ingresó a la base de datos de la Oficina de Registro donde se archivaban las escrituras. Escribió la dirección de Kathi y ¡listo!

Dirección: 8429 Executive Way,
Block 103, lote 2
Avalúo de la tierra: $41.202
Avalúo de las mejoras: $83.602

Total del avalúo: $124.804
Año de construcción: 1994
Uso: Residencial
Escritura de fideicomiso archivada el: 03/11/94
Instrumento de préstamo #: 23489
Suma: $93.603
Información hipotecaria: Hipoteca entre Alex & Kathi Lee
Brown y First National Bank

¡Un momento!, pensó Myles. El apellido de Kathi era Lee Simpson, no Lee Brown. ¿Quién era ese individuo llamado Alex? Myles ingresó al registro de divorcios del condado y encontró la respuesta.

Divorcio: 7/5/96
Caso: Kathi Lee Brown contra Alex Brown
Fecha de casamiento: 14/2/84
Hijos: (2) Jonathan (nacido el 7/2/85);
Marie (nacida el 6/4/87)
Motivo: Infidelidad
Matrimonios anteriores: Esposo (1); Esposa (0)

Myles había visto aquí todo lo que necesitaba. Como siempre, los niños eran el paso siguiente. Sabía por experiencia que la manera de llegar al corazón de Kathi era a través de sus hijos. Fue fácil encontrar los archivos de inscripción en el colegio, que le dieron valiosa información para utilizar en su primer contacto con Kathi. Jonathan tenía trece años, era uno de los mejores estudiantes y miembro de los tres equipos de béisbol del colegio. Esta pequeña información sería su carta de presentación.

Sin embargo, Myles decidió prepararse por completo para cuando conociera esta dama, cuya belleza crecía cada vez que pensaba en ella. No quería echar todo a perder, así que debía adquirir mayor información. A pesar de que podía ingresar a todas las bases de datos clasificados, no se le permitió entrar directamente a los archivos del IRS (siglas en inglés del departamento estadounidense de rentas internas). Sin embargo, una lista del IRS llegaba por correo todos los días a la oficina de bienestar social donde trabajaba. Al colocar el nombre de Kathi en la lista consiguió información de impuestos sobre su rendimiento de capital. Un par de días más tarde llegaron los datos:

Formulario 1090. Ingresos por rendimiento de capital. Intereses: $1.500 por un certificado de depósito de $25.000 en el First National, $3.200 por un certificado de depósito de $50.000 en la corporación de ahorro y préstamos Upper Valley; Dividendos: $2.600 de Lawrence Furniture, $14.000 por ventas de acciones de Microsoft; Otros: $7.500 por alquiler de una casa en 2250 Yonge Street, $2.850 ganados en apuestas en el Hipódromo Highland.

Myles reflexionó en lo que había descubierto. Kathi era adinerada y tenía mucho éxito comercial. Había presentado una demanda de divorcio contra su esposo por infidelidad. Tenía dos casas, un auto de lujo y la custodia de sus dos hijos. A su hijo le encantaba el béisbol y a ella le gustaba apostar a los caballos. Era un inicio extraordinario.

Myles estaba listo aun antes de darse cuenta de que eran la siete de la noche. Agarró el auricular, respiró profundamente y marcó el número.

—¿Aló? —contestó una voz de mujer.

—¿Señora Simpson?

—Sí, ¿quién habla?

—Mi nombre es Myles Thompson y espero que no piense que soy un atrevido, pero siento como si ya la conociera.

—¿Qué quiere decir? —preguntó Kathi.

—Anoche yo estaba en una recepción aquí en la ciudad y conversé con un individuo que trabaja en publicidad. Platicamos por mucho tiempo y me habló de usted. También mencionó a su hijo Jonathan y su pasión por el béisbol —Myles estudiaba sus notas sobre el escritorio a medida que hablaba, asegurándose de no cometer errores—. Él me dijo que usted se había divorciado y me aseguró que teníamos mucho en común. Me sugirió que la llamara cuando supo que tenía algunos buenos amigos en el equipo de béisbol Los Ángeles de California y que le podría conseguir a Jonathan algunos fabulosos autógrafos. Es posible que a usted y a Jonathan les gustaría ir alguna vez ——para ese momento las manos de Myles estaban empapadas de sudor y temblaban ligeramente. Pero su voz era clara y confiada—, y por ahora, de eso trata el asunto.

—¡Caramba! ¿Con quién estuvo usted hablando?—— preguntó Kathi.

Aquí era donde la aventura se ponía en marcha, así que debía manejar el asunto de manera impecable.

—Esto en verdad es lamentable —dijo Myles— pero sinceramente no puedo recordar el nombre de esa persona. Es un tipo alto, de treinta y pico de años, pero yo no soy muy bueno para recordar nombres. Lo único que sé es que trabaja en publicidad.

—Es posible que sea uno de los hombres de mi agencia, también trabajo en publicidad —dijo Kathi—, sé que Jonathan se emocionará mucho con los autógrafos. ¿Por qué no nos vemos en el partido contra los Arrendajos Azules la próxima semana.

—¡Sería estupendo! —replicó Myles, quien no podía creer lo fácil que estaba saliendo todo—. Bien, pienso que se podría algo más, ¿le molestaría que me detuviera por unos minutos en el Hipódromo Highland que está en el camino? Me gustaría apostar un poco.

La realidad es más extraña que la ficción

Por supuesto, este es un relato imaginario para darle una idea de la clase de información a la que todos tenemos acceso.

Pero lejos de ser un ejemplo exagerado, esta historia es menos alarmante de lo que puede suceder, y sucede, todos los días en nuestro mundo. Es más, el demócrata de West Virginia, Bob Wise, quien dirigió el subcomité presidencial para el uso de información gubernamental, llegó a la conclusión de que «en un futuro no muy lejano, los consumidores enfrentarán la posibilidad de que una computadora en cualquier parte lleve registros de todo lugar a donde vayan y de todo lo que compren».[1]

En un futuro no muy lejano, los consumidores enfrentarán la posibilidad de que una computadora en cualquier parte lleve registros de todo lugar a donde vayan y de todo lo que compren.

El expresidente de la Comisión Estadounidense de Protección a la Privacidad, David Linowes, también tiene recelos:

Lo preocupante no es que las empresas de mercadeo directo llenen su buzón o lo llamen durante la comida para tratar de vender monedas conmemorativas. El peligro es que los empleadores y organismos bancarios y gubernamentales utilicen las bases de datos para tomar decisiones sobre nuestras vidas, sin que tengamos ningún conocimiento al respecto.[2]

1. Revista *Time*, 11 de noviembre de 1991.
2. *Íbid.*

Un banco nacional de datos creado de facto

Un estudio para el Congreso, realizado recientemente por la Oficina de Tecnología, señaló que los adelantos en las supercomputadoras de almacenamiento de información en realidad han desarrollado de facto un banco nacional de datos que «contiene importante información acerca de todos los estadounidenses».

Sin embargo, en vez de ser un banco central de datos orwelliano que mantiene archivos en un lugar, algo así como el Centro Nacional de Información que fue rechazado por el Congreso hace más de diez años, este «banco nacional de datos creado de facto» se compone de centenares de sistemas de archivo computarizados e independientes. Estos se pueden operar por líneas telefónicas de computadoras desde prácticamente cualquier lugar en la nación. El estudio hizo notar que, al tratar de descubrir información sobre un individuo mediante una variedad de estos bancos computarizados de datos, hoy día es posible para los funcionarios del gobierno almacenar expedientes privados de millones de ciudadanos.

Hoy por hoy es posible mezclar, unir y comparar electrónicamente tres mil millones de archivos que contienen información personal obtenida solo por organismos federales. Dice el informe que el sistema se ha vuelto tan extenso que es difícil para los individuos conocer qué archivos existen acerca de ellos, saber si los datos que contienen son fieles o si cualquier información que puedan haber dado de manera voluntaria a un organismo para un propósito lo esté usando otro organismo con otro propósito.

Jerry Bergman, director del proyecto de tecnología y privacidad de la Asociación Estadounidense para la Libertad Civil, declaró:

Cualquier proyecto de ley que intentara presentar el Congreso con el fin de establecer un archivo central para cada ciudadano sería derrotado; sin embargo, este informe muestra que lo que no se podría hacer de frente está sucediendo en mayor escala.[3]

La situación no es mejor en Canadá. Gerry Montigny, un especialista en información de la Oficina Federal Comisionada para la Privacidad, observa cómo la tendencia se globaliza:

Vamos derecho a un mundo donde básicamente hay una computadora con toda una red de eslabones. En teoría, una computadora puede comunicarse con cualquier otra.[4]

La idea inteligente del presidente Clinton

Si vamos a tener un sistema que contenga esta clase de información, entonces usted se debe asegurar de que los archivos correctos sean remitidos a los archivos adecuados. La única manera de hacerlo con lógica es asegurarse de que cada persona en el sistema tenga un número personal y único. Los nombres son demasiado comunes y confusos. Solamente los números son confiables y únicos.

A cada niño al nacer se le daría un número que se pondría en un banco nacional de datos y se le rastrearía de por vida.

Por lo tanto, ¿cuán lejos hemos llegado en esta nueva era de la informática? ¿Cuán cerca estamos del día en que nos

---

3. *L.A. Times*, 1 de julio de 1986.
4. *Toronto Globe and Mail*, 14 de agosto de 1993.

convirtamos en la prevista sociedad rastreada de George Orwell y Aldous Huxley? La administración Clinton da una clave. El Presidente recomienda el uso de «tarjetas electrónicas o inteligentes» relacionadas con los números de cuentas del Seguro Social, para dar a cada ciudadano del país una tarjeta universal de identificación. Será obligatoria la participación en el programa nacional de identificación, a fin de que todos estén cubiertos por el sistema nacional de asistencia médica. Bajo la propuesta de Clinton, a cada niño al nacer se le daría un número que se pondría en un banco nacional de datos y se le rastrearía de por vida. La ley exigiría que los niños participen en programas de vacunación y salud pública. La negativa de los padres en cumplir las decisiones médicas obligatorias sería evidencia de maltrato infantil y los niños se podrán colocar con familias que los acojan.

La presente administración estadounidense está haciendo enormes esfuerzos para implementar de facto una tarjeta nacional de identificación. El presidente Clinton ha ido muy lejos al manifestar que ¡a pesar de cualquier otro desacuerdo, todos los miembros del Congreso se deberían unir tras este único propósito!

La revista *National Notary* ha anunciado que la idea de Clinton es un concepto de los tiempos que vienen:

> No es común que un demócrata y un republicano estén de acuerdo, pero el presidente Clinton y el gobernador de California, Pete Wilson, parecen estar en la misma onda acerca de la necesidad de una tarjeta nacional de identificación.

> Clinton sugiere una tarjeta de identificación fácil de leer en computadora como parte de su plan nacional de asistencia médica y Wilson recomienda una identificación de ciudadanía que ayude a frenar la ola de extranjeros ilegales.

> Recientemente la secretaria estadounidense de estado, Janet Reno, fue a la frontera entre Estados

Unidos y Méjico, donde le mostraron más de doscientas tarjetas de identificación falsificadas que utilizan los inmigrantes ilegales y los narcotraficantes.

Los agentes del Servicio de Inmigración y Naturalización que patrullan la frontera dijeron a Reno que cada semana incautan de cien a doscientas de esas falsas identificaciones.[5]

La tarjeta nacional determina la agenda nacional

La verdad es que tal vez no hay manera de escapar del sistema. La Corte Suprema estableció en junio de 1986 que el gobierno puede obligar a los ciudadanos a tener una tarjeta de Seguro Social. El caso surgió cuando un nativo estadounidense reclamó que «los números y las computadoras que se usan para identificar personas son parte de un plan diabólico». La Corte dictaminó que la libertad de religión «no da a un individuo el derecho de dictar la conducta de los procedimientos internos del gobierno».

Por otra parte, basados en el acta de 1983, que reforma y controla la inmigración, los empleadores deberían obtener documentos que prueben la ciudadanía o el estado migratorio de todos los nuevos empleados dentro de las veinticuatro horas de haberlos contratado.

Esto sencillamente quiere decir que se podría obligar a todos los estadounidenses a mostrar una identificación gubernamental aceptable cuando soliciten trabajo en el futuro. Puesto que la identificación ordinaria es fácil de falsificar o de obtener de manera ilegal, pronto se levantarán voces en favor de una tarjeta nacional de identificación para cada estadounidense.

Una vez que el gobierno expida dicha tarjeta de identificación, es cuestión de tiempo el que los estadounidenses

5. *National Notary*, noviembre de 1993.

deban portarla todo el tiempo y la orden de los tiranos modernos se escuchará en nuestra propia tierra: «¡Muéstrame tus papeles!»[6]

Cuando usted considere que se darán números de Seguro Social a bebés, seguramente demasiado jóvenes para salir a conseguir trabajos de tiempo completo, no es descabellada la idea de que está naciendo un sistema de identificación nacional y que es enorme el potencial de que se abuse de él. He aquí lo que dice *The Communicator*, una publicación de la Asociación de Industrias de Tarjetas Electrónicas:

> El estadounidense promedio ya tiene una tarjeta de Seguro Social en su primer año de vida, una licencia de conducir a los dieciocho, una tarjeta para asistencia médica a los veintidós, un pasaporte si desea salir del país, una tarjeta de registro de votación, una tarjeta de membresía de cualquier clase, algún tipo de tarjeta para tratamiento médico de emergencia, una tarjeta para cajero automático, una tarjeta telefónica y una tarjeta de seguro del vehículo. Casi toda esta información está en los archivos del gobierno o ahora la pueden obtener algunos organismos del gobierno ... En teoría, si todos estos grupos se unen para desarrollar un sistema universal, con diferentes niveles de seguridad, se podría colocar toda esa información en una tarjeta electrónica ... ¡Una tarjeta médica electrónica para toda la vida es una idea excelente![7]

No permita que la implanten bajo su piel

Al escribir en el *Washington Times*, Martin Anderson señala un problema que es fundamental para este mundo feliz. Dice que dicha tarjeta nacional de identificación será

---

6. *Daily News*, febrero de 1987.
7. *The Communicator*, primavera de 1993.

tan necesaria «para cumplir las regulaciones gubernamentales», que se obligará a todo el mundo a portarla «todo el tiempo».[8] Además, la pregunta es: ¿Qué ocurriría si perdiéramos o nos robaran nuestra tarjeta? ¿Podría usarla otra persona haciéndose pasar por nosotros?

Anderson, dirigente del Instituto Hoover y escritor sindicalizado, señala que se debe considerar mucho más este problema:

> Como puede ver, Hughes Aircraft Company ha elaborado un sistema imperdible de identificación. Se trata de un receptor-transmisor implantado por jeringa. De acuerdo con su publicidad, es un «método ingenioso, seguro, barato, infalible y permanente ... de identificación que utiliza ondas radiales. Una diminuta micropastilla (circuito electrónico en miniatura) del tamaño de un grano de arroz que se implanta bajo la piel. Está diseñado para inyectarse a la vez con una vacuna o solo».

> Por supuesto que una micropastilla implantada quirúrgicamente por el gobierno es algo repugnante para muchos estadounidenses. Al menos por el futuro inmediato, a este ingenioso dispositivo se le dará el uso actual: seguirle la pista a perros, gatos, caballos y ganado.

> Sin embargo, en principio no existe diferencia entre la obligación de portar una micropastilla en una tarjeta plástica dentro de la billetera o en una bolita dentro de la mano. El principio de que el Hermano Mayor tiene el derecho de vigilar al menor es inherente en ambos. Lo único que diferencia las dos técnicas es una capa de piel.[9]

8. *Washington Times*, 13 de octubre de 1993.
9. *Íbid*.

Disculpe señor, ¡ya escuché eso en alguna parte!

Por increíbles que sean todos esos avances tecnológicos, que hacen reflexionar a quienes han oído hablar del «Hermano Mayor», aquí vemos algo muchísimo más sorprendente.[10] Como puede comprobar, ¡la Biblia predijo tal clase de sistema hace más de dos mil años! No sucedió por medio de algún extraño simbolismo o lenguaje alegórico para el que se necesiten tres doctorados y media docena de computadoras a fin de entenderlo:

> Y hacía que a todos [el falso profeta, bajo la autoridad del anticristo], pequeños y grandes, ricos y pobres, libres y esclavos, se les pusiese una marca en la mano derecha, o en la frente; y que ninguno pudiese comprar ni vender, sino el que tuviese la marca o el nombre de la bestia, o el número de su nombre ... pues es número de hombre. Y su número es seiscientos sesenta y seis (Apocalipsis 13.16-18).

Piense en lo que dice este pasaje. La Biblia manifiesta que bajo este «sistema 666» nadie en la tierra podrá comprar o vender nada a menos que reciba una marca en la frente o en la mano derecha. Esta sencillez, combinada con los poderosos desarrollos tecnológicos que son indudablemente necesarios para que se cumplan estas palabras (que fueron escritas en la edad de piedra, de la madera y de la túnica), hacen de esta profecía una de las pruebas más firmes de la exactitud de la Palabra de Dios. Desde luego, la profecía en sí contiene solo sesenta y cuatro palabras, y sin embargo se necesita la totalidad de este libro para documentar cómo precisamente esas palabras han anunciado la moderna estructura económica computarizada de hoy día.

---

10. El Hermano Mayor es un personaje de la novela de George Orwell, *1984*, nota del traductor.

Nadie puede decir con precisión que la tecnología se utilizará finalmente para cumplir la profecía de la marca de la bestia, pero este libro se ha escrito para explorar las posibilidades y los avances tecnológicos que harían posible tal sistema universal. No obstante, tenemos una seguridad: Cuando haya terminado de leer este libro, usted estará más asombrado del poder de Dios que del poder de cualquiera de las tecnologías de la era espacial que estaremos analizando.

Lo garantizamos.

2

Déle un beso de despedida a su dinero en efectivo

Imagínese entrando a una tienda de víveres y haciendo sus compras semanales de comestibles sin necesitar dinero, tarjetas de crédito o cheques. Imagínese que los fondos necesarios para sus compras se transfieran de manera mágica y directa de su cuenta corriente a la cuenta bancaria de la tienda.

Este es el ideal del mundo de las tarjetas de crédito que los planificadores han vaticinado por años. Ellos aseguran que mediante el uso de tarjetas de débito podemos ingresar a un mundo feliz en el que toda transacción, toda compra y toda venta se puedan realizar electrónicamente.

Muchos pensaron que estábamos un poco paranoicos cuando informamos por primera vez del surgimiento tecnológico que podría traer la sociedad de las tarjetas de crédito. Algunos ni siquiera sabían de qué estábamos hablando, ya que eran de pueblitos o áreas rurales donde la tecnología aún no había aparecido de manera importante. ¡Pensaron que habíamos perdido los estribos!

Esos individuos ya no pueden decir lo mismo (al menos por esas razones). Hoy día somos testigos del nacimiento de un mundo electrónico de máquinas de fax, computadoras personales, juegos electrónicos y por supuesto, de máquinas bancarias automáticas que nos dicen en segundos que nuestras tarjetas de crédito se volvieron a quedar sin fondo disponible.

No estamos totalmente en un mundo sin dinero, pero hay algunas personas que no dudan de que finalmente entramos en esa dirección. En noviembre pasado fuimos a nuestro Congreso anual de Profecía Bíblica en la Costa Occidental, que se celebró en Los Ángeles. Durante el vuelo estábamos trabajando en este libro cuando en el monitor del televisor apareció un programa noticioso que destacaba la futura sociedad sin dinero. Era como si el Señor nos recordara la rapidez con que suceden los acontecimientos.

Observamos con interés cómo este informe establecía de manera indiferente que ya se vivía el mundo de la banca electrónica y que, a excepción de unos pocos usos novedosos, el dinero estaba a punto de desaparecer. Miramos alrededor del avión y se confirmó el pensamiento que hemos tenido desde hace algunos meses: *A nadie le importa.* Nadie puso la más mínima atención a los detalles del informe; nadie codeó a su vecino para que mirara. Las «nuevas» no sorprenden a nadie.

El informe resaltó el entusiasmo con que las personas se preparan para abrazar un mundo sin dinero. Declaró que una reciente encuesta Gallup en los Estados Unidos mostró que el sesenta y cuatro por ciento de los encuestados aprobarían un sistema más conveniente que el mundo de cheques y efectivo en que vivimos. Sesenta y seis por ciento manifestaron que el efectivo es demasiado fácil de perder o de que lo roben. Cuarenta y ocho por ciento dijeron que los cheques eran lentos e inconvenientes. Veintitrés por ciento han tenido en los últimos doce meses la experiencia desagradable de llegar a la caja sin tener dinero suficiente.[1]

Estas son muy buenas noticias para los arquitectos del mundo sin dinero. ¿Por qué? Porque su creación se ha movido a paso de tortuga en los últimos quince años más o menos,

---

Es probable que se deba eliminar el dinero efectivo para que el anticristo pueda controlar toda compra o venta; de esta manera se podría llevar un registro de toda transacción.

---

especialmente en Canadá y los Estados Unidos. La lentitud de esta tendencia se explica más por la oposición a que desaparezca el dinero que a demoras en la tecnología. El público que leyó *1984* de George Orwell, y *Brave New World* [El mundo feliz] de Aldous Huxley, con sus visiones de pesadilla acerca del futuro, rechazan la tecnología y desconfían de las posibilidades implícitas en tal sistema. Sin embargo, encuestas recientes sugieren que la lenta aceptación de los consumidores es cosa del pasado. Mientras tanto, los adelantos tecnológicos continúan a un ritmo asombroso.

Una sociedad sin dinero en el núcleo del sistema de la bestia

Repitamos un asunto importante: Nos parece que una sociedad sin dinero es crucial para el profetizado sistema de la marca de la bestia. Las Escrituras manifiestan:

1. US AIR Westbound Short Feature Reel, John Kramer, 6 de noviembre de 1993.

Que ninguno pudiese comprar ni vender, sino el que tuviese la marca o el nombre de la bestia, o el número de su nombre (Apocalipsis 13.17).

Si el anticristo ha de controlar toda compra o venta, sería necesario que desapareciera el dinero efectivo, de tal manera que habrá un registro de toda transacción. Si se permitiera el dinero efectivo en el nuevo orden mundial venidero, se podrían hacer algunas actividades comerciales fuera del sistema. El anticristo no controlaría el poder de compra de todo individuo si se cerraran algunas transacciones en efectivo.

La documentación impresa es voluminosa y lenta, así que un elaborado y complicado sistema electrónico que controle y documente toda transacción debería ser casi instantáneo. Deberá ser un sistema universal, puesto que controlará las transacciones de cada persona dondequiera que se encuentre. Así que el amplio uso de las tarjetas plásticas de hoy es solo un paso natural y necesario hacia una sociedad sin dinero.

Veremos en este capítulo la creciente demanda de una sociedad sin dinero. Muchos minoristas, banqueros, gobiernos, organismos de seguridad y hasta ciudadanos comunes empiezan a exigir un cambio de nuestra actual manera de negociar. Las protestas por el cambio han empezado a ahogar la voz de la oposición, y quienes tienen la visión y la tecnología esperan y se mantienen al margen, listos a responder de inmediato cuando las demandas generales alcancen el punto culminante necesario.

La alternativa de una nueva generación

Quizás la principal resistencia viene de lo que llamamos la gente de más de cuarenta y cinco años. La mayoría de los individuos de este grupo han luchado con la era de la computación, no debido a su edad sino a causa de no sentirse bien con la tecnología. Esta generación prefiere el contacto personal y humano, y realiza la mayoría de sus transacciones bancarias personales ante el cajero en el interior del banco. Se sienten mejor con el contacto humano que con la utilización de autobancos o de cajeros automáticos.

La situación nos recuerda el papel tapiz que colgaba en uno de nuestros hogares. Este exhibía anuncios comerciales de los periódicos de fines del siglo dieciocho en el comercio de Toronto. En uno de los anuncios preguntaban a los consumidores: «¿Sabe cuán importante es la luz para su salud?» El anuncio trataba de convencer al consumidor para que cambiaran sus velas por luces eléctricas. ¡Cuán lejos hemos llegado! Para nuestra generación es una verdadera aventura tratar de imaginar cómo alistarnos para ir al colegio o al trabajo cuando se va la luz.

Este pequeño ejemplo ilustra cómo el cambio es difícil para toda generación. Recordamos cuando en Canadá se impuso el sistema métrico. Esto sucedió hace más de veinticinco años cuando todavía no éramos adolescentes; sin embargo, hoy día aún medimos en pies y pulgadas y nos acomodamos mejor a ochenta grados Fahrengheit que a veintisiete centígrados, ¡aun cuando es lo mismo!

Volvamos a la discusión. Los hombres y mujeres en esta categoría de más de cuarenta y cinco años luchan con los cambios dramáticos que aparecen en escena. Solo unos cuantos de esta generación se atreven a utilizar un cajero automático. ¡Conozco a una mujer que creía que si pulsaba una tecla incorrecta podría arruinar la computadora del Pentágono o del Kremlin y empezar una guerra mundial! La mayoría de las personas de este grupo no se familiarizan con las funciones de una sencilla computadora. Términos como *megabyte*, *software*, *hardware* y *RAM* son un lenguaje extraño para ellos y como todos los seres humanos, ellos temen lo desconocido o lo que no entienden.

El temor a las computadoras, unido a las transacciones comerciales impersonales y al lenguaje «técnico», han ayudado a mantener a muchos ciudadanos con la idea de que «el dinero es mejor». Haga la prueba y visite un banco. En las filas de los cajeros del interior verá principalmente personas mayores. Mire luego afuera y verá principalmente a personas jóvenes ante la fila del cajero automático.

Sin embargo, este grupo de personas mayores también está empezando a cambiar lentamente. El impacto cultural de la era computarizada empieza a desaparecer. Poco a poco se van dando cuenta de que los cajeros automáticos no son enviados del diablo, que no pueden ocasionar un desastre mundial (y ni siquiera local) aunque se pulse un número equivocado.

A medida que más personas de la tercera edad se dedican a viajar cuando se jubilan, comprenden la necesidad de tener una tarjeta de crédito para alquilar un auto, hacer compras o llamadas telefónicas, o para registrarse en la mayoría de los hoteles. Estas personas se dan cuenta de que el dinero plástico es más seguro que portar grandes sumas de efectivo cuando viajan, especialmente en las áreas donde los turistas se han convertido en víctimas de preferencia para los criminales.

No pretendemos parecer groseros o insensibles, pero existe otro factor en el descenso de la popularidad del efectivo: los viejos más recalcitrantes están desapareciendo. Su oposición será eliminada por desgaste o por necesidad económica cuando se vuelvan minoría insignificante.

Cajeros automáticos: cajeros sin malas actitudes

Mientras el grupo de mayores de cuarenta y cinco empieza a tranquilizarse con la tecnología moderna, los menores de cuarenta y cinco la aceptan apasionadamente. Los jóvenes prefieren la velocidad y la facilidad de tratar con un cajero electrónico. Estos jóvenes son producto de la era de la computación. Están más acostumbrados a interactuar con las máquinas que con los humanos. Reflexione en la cantidad de horas que pasan con los juegos computarizados, las máquinas de video y las computadoras caseras. Tendría sentido que los atrajera un banco que tenga máquinas.

En uno de los segmentos de nuestro programa «Esta semana en la profecía bíblica», llamado «El hombre de la calle», descubrimos que una abrumadora mayoría de personas menores de cuarenta y cinco años prefieren no tratar con cajeros humanos. La razón más común que dieron fue la conveniencia de hacer transacciones bancarias a cualquier hora. Varios opinaron que rara vez hay largas filas en los cajeros automáticos y un joven dio esta razón: «Los cajeros automáticos no son malhumorados».

Cualesquiera que sean las razones, cada vez más personas descubren que la banca electrónica se ajusta con facilidad a sus estilos de vida cada vez más ocupados y con mayor movilidad.

¿A quién le importa el Hermano Mayor?

A diferencia de pocos años atrás, nuestra más reciente investigación dio como resultado que el temor a la amenaza que representa el Hermano Mayor ya no juega un papel importante en la oposición a la sociedad sin dinero. Básicamente, ya nadie teme al Hermano Mayor.

Hicimos encuestas para averiguar si a las personas les preocupaba que los gobiernos (desde el nivel municipal hasta el federal), la industria bancaria y otras entidades tuvieran gran cantidad de información acerca de ellas, y que cualquier organismo las pudiera rastrear casi continuamente. Los más jóvenes (seguimos usando los cuarenta y cinco años de edad como línea divisoria) fueron particularmente muy explícitos en declarar su despreocupación. Ellos manifiestan: «No tengo nada que ocultar, el gobierno solo hace esto para que las cosas sean más convenientes y seguras para nosotros».

¡Nos parece que *deberíamos* estar preocupados, ya que la historia enseña que todo gobierno, que ha tenido esta clase de información, la ha utilizado en la mismísima manera del Hermano Mayor! Observe lo que sucedió en la Unión Soviética cuando el gobierno empezó a rastrear a los grupos religiosos no registrados y a plantar operativos de la KGB dentro de las unidades familiares. Parece que esta nueva generación no recuerda, no entiende o no le importa el asunto de la privacidad y los peligros inherentes de un gobierno entrometido. También olvidan que aunque hoy día sus líderes y clima político parezcan no entrometerse, la tecnología moderna siempre cae en las manos del futuro.

Por supuesto, esto es causa de preocupación. Las empresas de tarjetas de crédito, los bancos y los organismos gubernamentales tienen acceso a mucha información sobre cada uno de nosotros. Al monopolizar, mezclar y remitir, todos ellos pueden desarrollar enormes y detalladas bases de datos. Más adelante echaremos una mirada a esta situación y a los posibles peligros a la privacidad; sin embargo, en este punto bien vale citar a nuestro primo, quien observa que «¡si no eres paranoico es porque no pones atención!»

En esencia, han desaparecido los temores al control gubernamental, al rastreo personal y al Hermano Mayor. Con ellos también está desapareciendo mucha de la oposición al comercio electrónico y a la sociedad sin dinero.

Gústele o no, nuestro futuro está planificado

Mientras se desvanece la resistencia, a los banqueros y a las compañías de tarjetas les gustaría ver que el progreso de la sociedad sin dinero sea más rápido. Conociendo esto, deberíamos darnos cuenta de que dicha sociedad no se está extendiendo al azar o solo porque los consumidores quieren tomar ventaja de la actual tecnología. Esta tecnología se está desarrollando ante la urgencia de las financiadoras, porque ellas tienen mucho que ganar en un sistema sin dinero. Un banquero se expresó así: «La transferencia electrónica de fondos llegará, debido a que la banca está presionando la puesta en práctica de este proyecto, que no se debe solo a que algunos almacenes estén colocando cajeros automáticos en sus cajas».

Al principio de este capítulo hablamos acerca de que usted entre en una tienda de víveres y pague por su queso y por otras baratijas haciendo que se transfieran directamente los fondos desde su cuenta bancaria hasta la cuenta de la tienda. Esto ya se hace en miles de sitios como prueba mediante el uso de una tarjeta de débito.

¿Qué es una tarjeta de débito? Esta parece una tarjeta de crédito, pero tiene capacidades diferentes. Al acercarse a la caja, usted coloca su tarjeta de débito en una terminal de punto de venta POS (siglas en inglés). El POS se conecta a su banco y al banco de la tienda. La máquina activa de inmediato las computadoras centrales que transfieren instantáneamente el dinero necesario de su cuenta a la de la tienda. Todo se efectúa de manera electrónica y es muy conveniente para usted. Sin embargo, la conveniencia no es lo único en este sistema.

¡Los propietarios de los almacenes no quieren su dinero!

Los minoristas están ansiosos de la llegada de la sociedad sin dinero por diferentes razones orientadas a las utilidades. El uso de tarjetas plásticas de débito se traduce en mayor utilidad porque se reduce el riesgo de robo por los empleados (no hay efectivo que se pueda robar), se reducen las comisiones sobre las transacciones sin dinero y se elimina el fraude por medio de cheques.

Además, los estudios preliminares sobre la utilización de tarjetas de débito indican que los consumidores tienen la tendencia a gastar hasta tres veces más con una tarjeta de débito de lo que gastarían con una de crédito. Esto no parecería característico de los patrones económicos de occidente sobre cómo gastar, pero sin embargo es una verdad. Parece que los consumidores gastan con más ligereza cuando no tienen preocupaciones acerca de pagos futuros y altas tasas de interés.

Otro punto a favor de los minoristas es el más bajo costo en las transacciones bancarias. Estos pagan bajo el actual sistema de tarjetas de crédito entre el tres y el siete por ciento del total de sus ventas a las compañías acreedoras. Estos impuestos, agregados al interés que pagan los consumidores, es la manera de ganar dinero de estas empresas.

Varios factores determinan las tasas que cobran las compañías: Uno es el uso fraudulento de tarjetas. Otro tiene que ver con los clientes que no pueden pagar sus cuentas. Las compañías deben cobrar tasas elevadas para poder cubrir estas enormes pérdidas. No obstante, con las tarjetas de débito o prepagadas (discutiremos esto a continuación), el valor de la compra se deduce al instante de la cuenta o tarjeta del consumidor y no hay riesgo de que se quede sin pagar.

Debite esa tarjeta de crédito

Otro factor para los minoristas es el mejoramiento del flujo de efectivo y el acceso más rápido al transferir fondos desde las tarjetas. Para empezar, queremos mostrar cómo la eliminación de cheques y dinero en efectivo puede agregar a los minoristas y a otros en la cadena del dinero. Existen varias maneras de pagar las compras en una tienda minorista. La más común es con efectivo. Otro método común, pero más complejo, es mediante cheques personales.

En este plan de pago, el cliente se presenta a la tienda con un cheque para hacer sus compras. Al finalizar el día, el cheque se envía al banco de la tienda, luego va al banco del cliente donde se debitan los fondos de su cuenta. Si hay insuficiencia de fondos, entonces el cheque regresa al banco de la tienda, de cuya cuenta se retiran los fondos. Todo el proceso se vuelve aun más complicado si el cliente es de otro estado.

La tarjeta de crédito se usa para un tercer método de pago: La tienda acepta la tarjeta del cliente como pago y entonces tiene dos alternativas. La más antigua es el método manual por medio del cual el cajero o el encargado llena un efecto bancario. Al finalizar el día, todos los efectos bancarios se llevan al banco donde serán acreditados a la cuenta de la tienda. La otra alternativa es que el banco procese electrónicamente las transacciones. De esta manera los fondos aparecerán en la cuenta de la tienda en uno o dos días. La información se envía también a la compañía de crédito del cliente, a quien esta le manda la cuenta.

Si el cliente ha sobrepasado el límite de su crédito o la compra se cancela por cualquier razón, toda la transacción se reinvierte y los fondos se debitan de la cuenta de la tienda. ¡Un gran papeleo para una transacción más que sencilla y a menudo pequeña! Imagine ahora que el cliente pague con cheque a la compañía de tarjetas de crédito, y entonces aquí vamos de nuevo...

Por otra parte, la tarjeta de débito (que es el método de pago más parecido al efectivo) tiene grandes ventajas para el comerciante. El cajero registra la tarjeta de débito del cliente. En segundos el dinero se transfiere directamente de la cuenta del cliente a la de la tienda. En el caso de tarjetas prepagadas o depósitos acumulados, el valor de la compra se debita de la tarjeta en el acto. Sin esperas ni papeleo y sin riesgo de cheques sin fondos.

Otra ventaja muy importante para el comerciante es la reducción de robos. Mientras se hagan menos transacciones con dinero efectivo, más raras resultarán las posibilidades de que en la tienda hayan grandes sumas de dinero que puedan atraer a ladrones armados. Con seguridad estas reducciones de riesgos tienen obvias ventajas; sin embargo, existen otras: disminución de primas de seguros, menos amenazas de violencia física para los empleados y menos gastos médicos como consecuencia. El movimiento hacia la sociedad sin dinero traerá una reacción en cadena de beneficios para los comerciantes.

Miles de experimentos en pequeña escala ya han confirmado todas estas ventajas en cada continente. Se han establecido «minisociedades» sin dinero y han tenido gran éxito. Tanto los comerciantes como los consumidores aseguran que se han beneficiado con este sistema.

¡Ya vienen las tarjetas de efectivo, ya vienen las tarjetas de efectivo!

Uno de los grandes desafíos que enfrentan los creadores de la sociedad sin dinero son los millones de transacciones pequeñas que se realizan todos los días. Estas pueden variar desde llamadas en un teléfono público hasta pasajes en autobús o pago de parquímetro. Se encontró una solución ingeniosa al combinar las características de una tarjeta de débito con lo que algunos conocen como tarjetas prepagadas. Estas últimas no son muy conocidas en Estados Unidos, pero lo serán.

En una tarjeta prepagada sencillamente se codifica un valor acumulado, por ejemplo cincuenta llamadas telefónicas locales o veinte pasajes en autobús. Usted puede comprarla en la tienda y cada vez que la utilice se deduce un valor del total disponible. Cuando la haya usado por completo, usted la tira y compra una nueva.

El poder de esta clase de tarjeta está en que no es necesario tener acceso a una central computarizada o a su cuenta bancaria cada vez que haga una compra pequeña. El dinero efectivo se volverá obsoleto a medida que se establezcan normas industriales y surjan las tarjetas prepagadas junto con las de débito.

Sorpresa: estudiantes sin dinero en efectivo

Una de las más satisfactorias transiciones del dinero en efectivo a las tarjetas prepagadas se realizó en la Universidad de Rochester. Esta se convirtió en un recinto sin dinero.

Estudiantes, vendedores y administradores han cambiado radicalmente la manera en que hacen transacciones mediante la utilización de *Allcard,* una tarjeta de débito que almacena valores monetarios. La aceptación del sistema ha sido tremenda.

La administración del instituto (un minorista en este caso) se impresionó mucho con el programa, debido principalmente a los ahorros para la universidad. Esto dijo el señor Stephen P. Klass, director de asuntos y operaciones comerciales para el departamento de servicio universitario: «En el pasado, nuestros programas de copiadoras, de máquinas expendedoras y de banquetes eran fuentes separadas de ingreso, con personal administrativo y sistemas contables separados».[2] Explicó que todas esas funciones se combinaron bajo el plan *Allcard* y que la universidad ha conseguido ahorros sustanciales.

Klass informó también que bajo el nuevo sistema sin dinero aumentó la participación en programas de comida en el recinto, lo que incrementó los ingresos universitarios. Los estudiantes utilizan sus tarjetas en las máquinas expendedoras, en las copiadoras de la biblioteca, en las lavadoras automáticas y en muchos otros sitios del recinto tales como la librería y la peluquería. Después de descontar el incremento en ventas debido a lo novedoso del sistema, los vendedores y los almacenes reportan continuamente en el instituto un aumento de casi un quince por ciento en ventas después de iniciado el sistema.

Joe Shaw, director de operaciones del Servicio de Comidas y Máquinas Expendedoras Anderson que funciona en el recinto universitario, dijo del nuevo sistema:

> Todos estamos a favor. Creemos que es la onda del futuro. Desde la transformación hemos tenido un

2. Empresas Danyl de promoción literaria.

quince por ciento de aumento en las ventas. Nuestros costos de reparación han bajado y la contabilidad es mejor.[3]

Un estilista en la peluquería del recinto opina: «En una semana de mucho trabajo atendíamos entre ciento cincuenta y doscientos estudiantes. Me gusta la comodidad del sistema de tarjeta. Yo diría que el negocio ha crecido entre el diez y el quince por ciento desde que tenemos la tarjeta».[4]

Déle también un beso de despedida a sus monedas

La verdadera ganadora, sin embargo, es la universidad. El gerente del departamento de operaciones y servicio, Ross E. McIntyre, hizo una lista de las ventajas del sistema sin dinero:

La clave es eliminar los puntos de dinero en efectivo. Si se tienen cien máquinas en el recinto, equivalen a cien puntos de colección de monedas. Creemos que semanalmente nos hemos desembarazado de cinco mil a diez mil monedas de veinticinco centavos.

Elimine las monedas y se evita el vandalismo en las máquinas, lo que hace más seguros los pocos sitios de dinero en efectivo que todavía se necesitan. Además, el lector de tarjetas es el mecanismo más confiable para contar los fondos. No se estropea, como pasa con las monedas que resbalan, y le ayuda a hacer una mejor auditoría, por lo tanto puede generar mejores informes. Usted tiene mayor control del personal con menos tiempo y se sale del negocio de las monedas.[5]

3. *Íbid.*
4. *Íbid.*
5. *Íbid.*

Es la única tarjeta que necesitará

El experimento de Rochester resultó ser de más esfuerzo que de éxito en otros recintos, y McIntyre cree saber la razón. Su respuesta contiene el secreto para aplicaciones mucho más amplias:

> Para tener éxito se debe tener gran cantidad de servicios en la tarjeta. Algunos colegios empiezan solo con un servicio, como por ejemplo, las máquinas expendedoras o las copiadoras de la biblioteca, y se preguntan por qué no tienen éxito. Esta no es la forma en que funciona. Los usuarios deben ver la tarjeta como una conveniencia. Usted debe tener un plan. Debe empezar con varios servicios esenciales, como lo hicimos con las copiadoras en la biblioteca, las máquinas expendedoras y las lavadoras automáticas, y entonces puede agregar otras a ritmo razonable.[6]

¿Y qué hay de los estudiantes? Tarra Walker, oficial religiosa de Oregón, dijo: «Utilizo mi tarjeta todo el tiempo en la lavandería, en la biblioteca y en las máquinas de refrescos. La uso hasta para pagar mis cortes de cabello. Cuando usted utiliza la tarjeta no necesita dinero en efectivo, así que no debe preocuparse de llevar monedas de veinticinco centavos».[7]

La gran mayoría entre los seis mil estudiantes y tres mil empleados de Rochester usan con regularidad sus tarjetas. Aunque este es un programa experimental, el éxito de tales pruebas incrementa la confianza de los productores de tarjetas prepagadas. Ellos han estado convencidos desde hace algún tiempo de que esta es la moda futurista y han estado esperando que el público logre vislumbrar ese futuro.

6. *Íbid.*
7. *Íbid.*

¡Avívese!

Robert J. Merkert, padre, vicepresidente superior de la Corporación Danyl de Moorestown, New Jersey (la empresa que desarrolló el sistema *Allcard* para la Universidad de Rochester), asegura:

> Algún día en el futuro inmediato podremos pagar por casi todo con solo una «tarjeta acumulable de valor prepagado» o «tarjeta electrónica».[8]

Merkert, quien es un respetable defensor de la tecnología de las tarjetas, dijo ante un grupo de líderes comerciales y gubernamentales de todo el mundo que las tarjetas prepagadas «se utilizarán como monedas de bolsillo. A medida que suben los precios en pasajes de autobuses y en las máquinas expendedoras y lavadoras automáticas, se hace más fastidioso cargar el valor de cinco o diez dólares en monedas».[9]

Merkert dijo también en la reunión que la transición hacia las tarjetas prepagadas sería relativamente sencilla. Explicó que las instituciones financieras han utilizado las tarjetas de crédito por décadas y los cajeros automáticos o tarjetas de débito por varios años. Aseguró que a medida que aumenten las solicitudes de tarjetas prepagadas, más bancos las emitirán. Con el auspicio universal bancario, las tarjetas prepagadas se están imponiendo y las monedas están pasando de moda. Sin cambios a la vista y con poco efectivo alrededor, las líneas en las cajas serán más cortas; habrá más teléfonos públicos en funcionamiento; los precios en las máquinas de refrescos se incrementarán en un centavo en vez de cinco centavos; y mejorará la seguridad en las lavanderías automáticas, en las tiendas con horarios nocturnos y en las estaciones de servicio.

8. *Íbid.*
9. *Íbid.*

Merkert expuso en la conferencia que en los Estados Unidos solamente hay cada año más de doscientos setenta mil millones de transacciones comerciales menores de dos dólares y dijo:

> Con el tiempo podremos instalar equipos que permitan a los usuarios tener acceso a múltiples aplicaciones con una sola tarjeta. Cuando estas transacciones se hagan por tarjetas electrónicas se mejorará en gran manera la eficiencia, se reducirá el vandalismo y serán menos los problemas de seguridad.[10]

Al tener una tarjeta con dos partes esenciales (la función de débito y la porción de prepago), usted tendrá finalmente una tarjeta que puede manejar tanto las transacciones grandes como las pequeñas. Esto significa que se deberá ingresar a una base de datos central solo para hacer grandes transacciones y en ocasiones en que se deba actualizar la parte prepagada de la tarjeta.

¡Me encanta!

Los consumidores también empiezan a ver las ventajas de utilizar las tarjetas prepagadas y de débito. Las tarjetas de crédito son oportunas y por eso se abusa de ellas con frecuencia. Sin embargo, es inevitable la llegada de la fecha de vencimiento. Muchos se sorprenden de qué manera crece la deuda cada mes y cuán rápidamente se incrementa el pago mínimo. Con la tasa de interés de algunas tarjetas de más del veinte por ciento (incluso en este período en que las tasas de interés se han reducido en todas las demás áreas de la economía), el pago mínimo apenas cubre el interés mensual.

10. *Íbid.*

Una encuesta a usuarios de tarjetas de débito en Ontario, Canadá, mostró que el noventa por ciento de los encuestados prefieren usar las tarjetas de débito en vez de las de crédito. La razón más citada fue que era menos la preocupación acerca de los pagos futuros. Noventa y siete por ciento de los usuarios de tarjetas de débito en Londres, Inglaterra, aprobaron este tipo de transacción y dijeron que continuarían utilizando la tarjeta.[11]

Para los consumidores es muy conveniente poder utilizar solo una tarjeta en gran variedad de compras, y querrán usarla aún más.

Estas ventajas inmediatas para el minorista y el consumidor tal vez no podrían traer, en sí mismas, un aumento apoyando el nuevo dinero, pero estas reacciones positivas (combinadas con la ofensiva que hacen los principales beneficiarios del plan) crean un movimiento aparentemente incontrolable hacia la sociedad sin dinero.

El futuro de la banca

Los que más se beneficiarán de la sociedad sin dinero en efectivo son las instituciones que más pugnan por ella: la industria bancaria y las compañías de tarjetas. Todas las razones se relacionan con el incremento de las utilidades. Sin que importe cuán altruista pueda resultar la retórica, lo primordial es lo primordial.

En primer lugar, la banca electrónica es mucho más barata para el banco. Los costos de procesar transferencias electrónicas de fondos son menores que los de procesar cheques y papeles. Además, el dinero se mueve mucho más rápidamente.

El siguiente informe muestra un segundo beneficio importante para las compañías de tarjetas y los bancos:

11. Entrevistas en el Congreso Fronterizo para las Soluciones Globales, Washington, D.C, abril de 1993.

Quince millones de usuarios canadienses, de la tarjeta VISA cargan más a su dinero plástico que el promedio *per cápita* en todos los países, a excepción de Islandia.

«Gastamos treinta y cinco mil millones de dólares anuales en compras, cerca de dos mil trescientos por tarjeta para cualquier cosa desde camisetas hasta comida marina en pinchos y desde extracción de nervios molares hasta llamadas telefónicas desde los aviones», dice Roger Woodward, presidente de VISA Canadá.

«Nos hemos convertido en parte integral de la vida diaria de nuestros clientes», continúa Woodward. «VISA todavía no le ha ganado la partida al dinero en efectivo. Pero cuando gastamos efectivo, llegan incalculables miles de millones desde los cajeros automáticos activados por tarjetas VISA, aquí o en aeropuertos y hoteles en todo el planeta.

»En las mentes de los mercaderes de VISA y sus bancos miembros hay todavía mucha libertad de acción para desplazar al efectivo y a los cheques, para llegar a estar en el pináculo mundial del dinero». Internacionalmente, la red VISA aspira a duplicar para el año 2000 el valor de las transacciones hasta un billón de dólares por año.[12]

En otras palabras, al eliminar el efectivo, las compañías de tarjetas bancarias tendrán una parte de todas las transacciones que se realicen en cualquier parte del mundo. Como creadores del sistema, su justa recompensa será una regalía de entre tres y siete por ciento.

---

12. *Toronto Star*, 19 de agosto de 1983.

El interés se lo llevan los bancos

Muchas personas se podrían preguntar por qué a los bancos les gustaría un sistema prepagado o de pago inmediato (débito), puesto que gran cantidad del dinero que ganan es por el cargo de intereses sobre los saldos no pagados. Tenga la seguridad de que los bancos no pasan por alto este caudal lucrativo de ingresos.

Con el nuevo sistema de tarjetas de débito, los consumidores podrían llegar a la situación de «sobregiro» si tienen la autorización de sus bancos. La diferencia es que los intereses empezarán a acumularse de inmediato, en vez de que se debiten al fin del período de gracia de veinticinco a treinta días que permiten la mayoría de las tarjetas de crédito. Eso significa que esta fuente de ingresos aún está abierta para la industria bancaria, lo cual dará como resultado un aumento en las utilidades para los bancos y compañías de tarjetas de crédito.

Sin embargo, el beneficio más grande para los bancos es la eliminación de sucursales. William R. Woods del Banco de Montreal dijo que la mayoría de los bancos están extendiendo el número de cajeros automáticos para facilitar el acceso a sus clientes. Con el aumento de los cajeros automáticos y su disponibilidad de veinticuatro horas, se elimina la necesidad de sucursales bancarias.

Para los bancos es sumamente costoso dotar de personal varios edificios y pagar los gastos de mantenimiento. Los cajeros automáticos pueden desempeñar casi todas las funciones de una sucursal bancaria y son mucho menos onerosos. En una nota periodística sobre el aumento en número y capacidad de los cajeros automáticos, y el costo de su eficiencia, un periodista del diario *USA Today* observó irónicamente que estos cajeros no piden aumento de sueldo ni necesitan seguro médico.[13]

13. Empresas Danyl.

Cuando un banco abre una sucursal debe contratar arquitectos, constructores, contratistas, electricistas, etc., además de pagar por permisos de construcción y otros gastos. Debe amueblar el banco, contratar personal, capacitar y recapacitar empleados, y pagar los gastos generales de estructura. Con un cajero automático solo tiene que vigilar un espacio en un centro comercial, en una tienda de víveres o en una parada del metro y una vez al día enviar a alguien para que haga el servicio y el mantenimiento. Esto por supuesto resulta mucho más económico.

Los incentivos principales para que la industria bancaria insista en que la sociedad sin dinero se ponga a la vanguardia del mundo futurista son el aumento de la rentabilidad y la reducción de costos en sucursales.

Los factores principales

Aunque los consumidores empiezan a sentirse atraídos por la conveniencia de la sociedad sin dinero y los minoristas descubren la eficiencia del sistema de tarjetas de débito, y aunque los bancos continúan la búsqueda interminable de mayores utilidades, la sociedad está encontrando sus propias razones para abrazar este nuevo mundo libre de papeleo.

Gran parte de este apoyo llega de los organismos que hacen respetar la ley. Uno de los argumentos de más peso para una sociedad sin dinero es el efecto que tendrá en la disuasión del crimen. Los atracos en las calles no serán rentables si cada vez menos ciudadanos portan dinero en efectivo. Los blancos lucrativos para los ladrones armados dejarán de existir a medida que más minoristas hagan transacciones de venta solo con tarjetas.

En una escala mucho mayor, los expertos en hacer cumplir la ley declaran con audacia que el narcotráfico se podría eliminar en una sociedad sin dinero. Los narcotraficantes acostumbran llevar una maleta llena de dinero en efectivo. No utilizan tarjetas ni cheques bancarios, solo efectivo. El sistema de intercambio de los traficantes desaparecerá cuando se elimine el uso cotidiano del efectivo. No se pueden hacer electrónicamente enormes transacciones bancarias sin llamar la atención de los funcionarios del banco y por supuesto de los agentes de la ley.

> *Se nos asegura que con la desaparición del dinero en efectivo llegará también la desaparición de muchos crímenes. ¡No es de extrañar que la humanidad presione por tal utópico sistema económico!*

Las actividades del mercado negro también se restringirían severamente en una sociedad sin dinero. La extorsión, el secuestro, el chantaje y la prostitución se erradicarán cuando desaparezca el papel moneda. Se nos asegura que con la desaparición del dinero en efectivo llegará también la desaparición de muchos crímenes. ¡No es de extrañar que la humanidad presione por tal utópico sistema económico!

Sin huellas

Una carta al editor de la revista *Time* representa la actitud imperante:

> Su informe sobre el lavado de dinero que los traficantes de drogas convierten en bienes legales muestra que el suministro en exceso de papel moneda que hace nuestro gobierno es la causa principal del aumento en el comercio de cocaína. Usted explica que no se puede localizar el ochenta por ciento de todos los billetes impresos por el Departamento del Tesoro debido a que muchos de ellos están escondidos por

los traficantes. Como asistente de fiscal a nivel de condado, me desalienta la indolencia de privar a los reyes de la droga de su medio de intercambio: el dinero. Una manera de agarrarlos sería una grandiosa y sorpresiva retirada del dinero en el mercado. Dejemos sin dinero al comercio de drogas.[14]

Un diplomático del servicio exterior dio otra clara y particular descripción del problema y su solución:

William G. Ridgeway no es tan presuntuoso para suponer que su plan salvaría al mundo. Lo que reclama es que llevaría a la bancarrota al crimen organizado, eliminaría el tráfico ilegal de drogas, reduciría el espionaje y el terrorismo, disminuiría drásticamente la corrupción y evasión de impuestos y volveríamos a ser corteses.

El plan de Ridgeway (apodado el golpe atrevido) eliminaría el dinero en efectivo para favorecer las «tarjetas electrónicas» computarizadas a prueba de ladrones.

El dinero ... es el principal cómplice del criminal y «la mismísima leche materna del espía, del terrorista, del vendedor de drogas, del drogadicto, del evasor de impuestos y del desfalcador». Puesto que no deja huellas, es la «interrelación entre el mundo legal y el ilegal».[15]

Cómo sacarle provecho al miedo

A medida que continúa el aumento del crimen en nuestra sociedad, también crece el mundo de las tarjetas. El

14. G.E. Word, revista *Time*, 26 de diciembre de 1992.
15. Periódico *Journal Lorraine*, 12 de julio de 1989.

número de tiendas que aceptan dinero plástico se incrementa. Visa ha inscrito más de tres mil supermercados que utilizan sus tarjetas. Esta es casi la mitad de las cincuenta cadenas de víveres en los Estados Unidos.[16]

Hasta las oficinas de correos en la mayoría de ciudades estadounidenses aceptan tarjetas de crédito como pago por servicios postales. Un avance noticioso aseguró antes de la implementación del sistema:

> Después de dos años de pruebas, el Servicio Postal de los Estados Unidos empezará a recibir tarjetas de crédito y de débito en sus oficinas de todo el país. El propósito es instalar máquinas procesadoras de tarjetas en muchas de sus oficinas ... La puesta en funcionamiento a nivel nacional constituirá uno de los mayores logros para el dinero plástico.[17]

Otras entidades del gobierno están entrando en acción al utilizar sistemas electrónicos de pago para eliminar costos del Seguro Social y de la asistencia pública. Un área de ahorros en costos es el fraude en la asistencia pública. También se intenta dominar el fraude con estampillas de alimentos, reemplazando el sistema de cupones por el de tarjetas plásticas.

Al pagar sus víveres, los usuarios de estampillas de alimentos harían pasar sus tarjetas por un lector electrónico y pulsarían su número personal de identificación (PIN, por sus siglas en inglés). Entonces su cuenta o tarjeta debitaría el valor de la compra. El beneficiario de las estampillas de alimentos recibiría cada mes dinero adicional que se almacenaría en su tarjeta. Este plan ocasionaría importantes avances para detener el fraude. Los beneficiarios no pueden vender los cupones para comprar alcohol, drogas o cigarrillos. Solo

---

16. *Philadelphia Inquirer*, 31 de octubre de 1991.
17. Cedar Rapids *Gazette*, 9 de junio de 1993.

el individuo a quien se le emite puede utilizar la tarjeta. Esta persona se identifica mediante alguna clase de conexión con la tarjeta, como un PIN, por ejemplo.

Otro beneficio para los usuarios de la asistencia pública es la eliminación de estereotipos negativos que acompañan el uso de estampillas de alimentos. La utilización de muchas clases de tarjetas significa que otros clientes no sabrían si alguien está usando una tarjeta de alimentos, una tarjeta de crédito o algún otro sistema de pago electrónico. Por lo tanto se elimina el estigma de ser una «madre de caridad» o un «vago», estigma este que acompaña con frecuencia a los usuarios de las estampillas de alimentos. Así se protege la privacidad del usuario.

Los gobiernos, especialmente en el mundo occidental, se han convertido en los más acérrimos defensores de la eliminación del dinero en efectivo y de cheques. Se ahorrarían millones de dólares cada mes si los pagos de gobiernos a individuos se hicieran electrónicamente en vez de emitir y procesar costosos cheques de papel. Además, los depósitos electrónicos acabarían con el robo de cheques del Seguro Social y otras dependencias del gobierno que se envían por correo.

La evasión de impuestos también se volvería cosa del pasado. Se eliminarían los pagos en efectivo por trabajos realizados, por artículos vendidos o por lagunas jurídicas que se prestan a trampas. Esto es de primordial importancia entre los gobiernos occidentales, en particular en los Estados Unidos que enfrenta un déficit asombroso. El aumento calculado en las rentas públicas que ocasionaría el cierre de salidas a la evasión de impuestos afectaría en gran manera el déficit. Es más, un informe reciente calcula que si se pudiera frustrar a los evasores de impuestos, los fondos del gobierno recibirían al menos cien mil millones de dólares adicionales cada año.[18]

---

18. Peter Lalonde, *One World Under Antichrist* [Un mundo bajo el anticristo], Harvest House Publishers, Eugene, OR, 1991, p. 236.

A medida que las fronteras nacionales se empiezan a desvanecer en lo que se convierte obviamente en una sociedad global, los gobiernos internacionales se beneficiarían de la eliminación de cambios de moneda extranjera. Los viajeros ya no tendrían que detenerse a cada momento en Europa para cambiar monedas.

Esta lista parece interminable. Los minoristas y los consumidores se sienten cada vez más a gusto con la banca electrónica y hasta en algunos casos prefieren las tarjetas de débito al dinosaurio del efectivo. Gobiernos y bancos llevan a cabo campañas admirables y efectivas de relaciones públicas para esta segura transición a la sociedad sin dinero. ¿Estará distante el cambio del efectivo a las tarjetas?

Parece que en casi todos los sectores de la sociedad moderna se está creando una demanda por estos cambios. Sus razones son agradables, hablando económicamente. A primera vista, la sociedad sin dinero parece ser una situación ganadora. Todo el mundo se beneficiará de ella.

O parecería que...

3

¿Qué hay
en las tarjetas?

Un periodista amigo mío entrevistó en una ocasión a un insignificante ladrón acerca de su habilidad para entrar a las casas. El ladrón declaró que la seguridad de la mayoría de las puertas se puede comprometer con facilidad al insertar una pequeña tarjeta plástica entre la jamba y el pestillo. ¡Listo! La puerta se abre. El hombre dijo con una sonrisa diabólica: «Puedo conseguir todo lo que quiero con una tarjeta de crédito».

Aunque la intención del ladrón seguramente no era que se utilizara su declaración como la voy a usar, hay una semejanza notable entre sus palabras y lo que mostraré en este capítulo. Hoy día puede decirse con certeza que se puede conseguir casi todo con una tarjeta de crédito. Además es legal.

Los adelantos tecnológicos de los últimos diez años en la industria de las tarjetas son casi incomprensibles. Al utilizarlas en un cajero automático u otra máquina similar, las tarjetas de crédito, de débito y similares pueden darnos (como le dan al ladrón) acceso inmediato a casi cualquier servicio, producto o información que deseemos. Las tarjetas «nuevas, mejoradas y más inteligentes» pueden hacer más.

Un paquete lleno de tarjetas

Para empezar, consideremos brevemente la clase de tarjetas que hay en el mercado (no en la clasificación de crédito o débito sino en la construcción técnica). Como se puede ver, esta es una diferencia importante.

Hoy día se puede decir con certeza que se puede conseguir casi todo con una tarjeta de crédito. Además es legal.

Tarjetas con banda magnética. Son las de uso más común en Estados Unidos. Son una sencilla tarjeta de crédito o débito con una banda negra al respaldo que contiene cierta información: quizás su nombre, su número de cuenta y un número de identificación personal PIN. Cuando usted va a un cajero automático, inserta su tarjeta en la máquina y pulsa su PIN en el teclado numérico. Una vez que la máquina verifica que el PIN pulsado corresponde al que está grabado en la banda magnética, puede realizar una transacción económica tal como un retiro o depósito de fondos de su cuenta.

Tarjetas electrónicas. Estas también son tarjetas de crédito o débito que contienen una diminuta micropastilla, generalmente en la esquina superior izquierda. Las hay de dos clases. La primera tiene solo una memoria, cuya información se puede obtener por medio de un dispositivo de lectura. La información no se puede cambiar o actualizar. La segunda clase tiene un microprocesador que permite la actualización, el cambio o el proceso de la información. Según Stephen Seidman, editor de *Smart Card Monthly* [Publicación mensual de tarjetas electrónicas], la única diferencia real entre esta clase de tarjeta electrónica y una computadora personal es el empaque. Tanto las tarjetas electrónicas como las de banda magnética tienen algún tipo de dispositivo de identificación (como el PIN) para identificar al usuario con la tarjeta.

Tarjetas Ópticas. Estas tarjetas plásticas contienen datos almacenados en toda su superficie y se pueden leer mediante láser. Acumulan gran cantidad de datos y se utilizan con frecuencia para almacenar información médica. Sin embargo, parecen ser la segunda mejor opción cuando se comparan con la tecnología de las tarjetas electrónicas.

Aunque cada una de estas se podría convertir en *la* tarjeta de la sociedad sin dinero, todas tienen una desventaja común: Hasta la fecha, ningún sistema se ha desarrollado para asegurar que la persona que utiliza la tarjeta es la misma que la debería usar. El sistema de números de identificación personal sencillamente no ha funcionado y los bancos que financian el sistema están perdiendo una pequeña fortuna por esa causa.

Los grandes perdedores son los bancos

Las máquinas de cajeros automáticos y toda la industria de tarjetas plásticas sufren estafas a un ritmo asombroso. Los ladrones utilizan las tarjetas de sus víctimas para retirar grandes cantidades de dinero efectivo (por lo general hasta el límite diario) de sus cuentas. Además, se están falsificando las tarjetas. En uno u otro caso son los bancos y no los clientes los responsables de esas pérdidas que suman millones de dólares cada año.

Demos primero una mirada al problema de la falsificación que está alentando a la industria a cambiar las tarjetas tradicionales de banda magnética por las nuevas tarjetas electrónicas «inteligentes».

Falsificación de tarjetas: está donde se encuentra el dinero

Las tarjetas magnéticas corrientes se están falsificando con facilidad y las pérdidas son astronómicas. Es más, según la Asociación Canadiense de Banqueros, la falsificación de tarjetas de crédito está considerada en ese país como la clase de crimen con tarjetas de mayor crecimiento. Una fuente industrial dijo hace poco que la falsificación representa el catorce por ciento del total de crímenes con tarjetas.[1]

Los banqueros dicen que no están cobrando a sus legítimos clientes por los falsos reclamos sino que están absorbiendo las pérdidas. Esto es muy poco probable. De cualquier manera, esta falsificación se ha incrementado tanto que ya es un problema masivo de seguridad para la banca estadounidense. El crimen contra tarjetas de crédito aumentó en Canadá más del cincuenta por ciento entre 1990 a 1991. Visa y MasterCard perdieron casi cincuenta millones de dólares en 1991 en los veinticinco millones de tarjetas que circulaban en Canadá.[2] Las estadísticas sobre el crimen en Canadá muestran que solo en 1991 cerca de cincuenta mil tarjetas fueron a parar a manos de los ladrones.[3]

Las tarjetas electrónicas llegan al rescate

Sid Price, vicepresidente ejecutivo de la Compañía Nacional de Procesamiento (la mayor empresa de procesamiento de tarjetas de crédito en los Estados Unidos) dice que el próximo paso lógico es convertir la estructura estadounidense de tarjetas a un sistema de tarjetas electrónicas.

Se ha discutido mucho que el costo para efectuar este importante cambio sería demasiado grande. Pero con el aumento

1. Sid Price, vicepresidente superior de la Compañía Nacional de Procesamiento en el congreso de seguridad y tecnología de tarjetas.
2. *Christian World Report*, junio/julio 1992.
3. *Íbid.*

anual en las pérdidas, muchos aseguran que los Estados Unidos *no* pueden darse el lujo de *no* hacer el cambio. La urgencia del cambio ha alcanzado tal nivel, que lleva a Price a predecir que el cruce está «a solo unos meses, no años».[4]

El impulso primordial para este cambio es, por supuesto, eliminar las pérdidas ocasionadas por el fraude en tarjetas. La opinión general entre los líderes de la industria es que prácticamente es imposible falsificar o duplicar las tarjetas electrónicas. Han levantado mecanismos para hacerlas «a prueba de piratería».

Las tarjetas electrónicas son como las tarjetas plásticas de crédito que se han usado por años, pero contienen un pequeño chip [circuito integrado] de computadora que aparece como un punto dorado en la tarjeta en vez de la banda negra. Aunque estas tarjetas no «se han puesto de moda» en América como ocurre en Europa, los Estados Unidos están en el umbral de dar no solo un paso gigante en esta tecnología sino también de convertirse en líder de la industria.

MAC hace un movimiento importante

Esta posibilidad viene detrás de un anuncio en octubre de 1992 hecho por MAC (siglas en inglés del Sistema de Acceso Monetario), el operador de la mayor red de transferencia electrónica de fondos en los Estados Unidos. MAC anunció que desde 1994, los 932 miembros de instituciones financieras tendrían acceso al primer mercado masivo de sistemas de tarjetas en los Estados Unidos. Los miembros de las instituciones en el momento del anuncio tenían cerca de veintiséis millones de portadores de tarjetas.[5]

El plan comercial preponderante tras este sistema es el deseo de participar de los treinta mil millones de transacciones

---

4. Sid Price, congreso de seguridad y tecnología.
5. *Card Technology Today*, noviembre de 1992.

anuales que comúnmente se realizan en los Estados Unidos por valores menores de diez dólares. En estas transacciones predomina hoy día el dinero en efectivo y MAC no obtiene ningún beneficio de ellas.

Mediante el lanzamiento del sistema de efectivo por tarjeta, la compañía ahora puede esperar la apertura de un mercado enorme y sin explotar para sus cambiantes negocios.[6]

Visa también realiza un gran cambio

Visa ha anunciado que está preparada para entrar en el mercado de las tarjetas electrónicas. A pesar de la antigua oposición a esta tarjeta, los funcionarios de esta compañía ahora reconocen que «las tarjetas electrónicas son una tecnología confiable y probada». Visa todavía está considerando la utilización de tarjetas electrónicas con número de identificación, pero la industria biométrica espera que Visa cambie de opinión en relación a la seguridad de la tarjeta.[7] Un poco más adelante hablaremos más de la biometría y de la seguridad de la tarjeta.

Es indudable que Visa jugará un papel importante en la llegada de la tarjeta electrónica a Estados Unidos. Ya tiene en circulación treinta y cuatro millones de tarjetas de débito y el proyecto para 1994 es tener cien millones en circulación.[8]

Mientras tanto, la Comunidad Europea proyecta para 1994 tener en el mercado otros doscientos millones de tarjetas electrónicas. Expertos de TRT-Phillips predicen que estas cifras se incrementarán drásticamente a quinientos millones en tres años siguientes. El mismo informe muestra que para 1994 en todo el mundo habrá trescientos ocho millones de

6. *Íbid.*
7. *Íbid*, octubre de 1992.
8. US AIR cinema, 6 de noviembre de 1993.

tarjetas electrónicas con «solo memoria», treinta millones de las cuales tendrán microprocesadores. Para 1996 la suma será de 675 millones, y cuarenta millones tendrán procesadores.[9]

Algo más que solo dinero

Hasta ahora hemos hablado principalmente de las tarjetas electrónicas y la manera en que a fin de cuentas reemplazarán al dinero en efectivo. Sin embargo, existen otros usos para la tarjeta. Stephen Seidman, editor de *Smart Card Monthly*, *nos da una perspectiva adicional sobre las capacidades de las tarjetas electrónicas.*

Desde el punto de vista comercial, las tarjetas electrónicas de identificación se están utilizando ahora para identificar empleados y visitantes, para automatizar horarios y registros de asistencia, para controlar el acceso a estacionamientos, edificios ... copiadoras, máquinas de fax, registros colectivos ... Se usa como dinero para cobrar y equilibrar gastos de viaje por medio de cajeros automáticos instalados por la compañía, y para hacer compras en almacenes de la empresa, tiendas del vecindario y centros comerciales.[10]

Seidman continúa:

Nacionalmente, en niveles que varían de condado en condado, las tarjetas se usan y se planifican para uso inminente en sistemas nacionales de teléfonos públicos, atención médica y redes de procesamiento de transacciones económicas.[11]

9. *Card Technology*, noviembre de 1992.
10. *Íbid.*
11. *Íbid.*

¿Una tarjeta estadounidense de identificación?

La administración Clinton anunció hace poco el interés en la implementación de una tarjeta de salud como parte de la reforma al sistema de salubridad en los Estados Unidos. Según la edición de septiembre de 1992 del *New England Journal of Medicine* [Publicación médica de Nueva Inglaterra], el entonces gobernador Bill Clinton dijo: «Todo el mundo tendrá tarjetas electrónicas codificadas con su información médica personal.[12]

La implementación de una tarjeta electrónica médica alteraría de manera obvia todo el mercado de tarjetas electrónicas en los Estados Unidos. Parece aun más atractivo cuando consideramos la cantidad de documentos personales que puede descartar o almacenar la tarjeta en un sitio. Hasta la fecha ningún organismo gubernamental o comercial ha aprobado por completo tal tarjeta que abarca todo, pero parece tan práctica que quizás es inevitable.

Este es el gigante MAC

¿Recuerda cuando hablamos antes de los cambios en el sistema MAC de tarjetas? La empresa aseguró que no tenía planes firmes de expandir su tarjeta electrónica hacia otra más completa y multifuncional. Sin embargo, MAC escogió una de las dieciséis tarjetas electrónicas disponibles de primerísima calidad, la Gemplus 16 Kb EEPROM MCOS. Según *Card Technology Today* [Tecnología moderna en tarjetas], esta tarjeta está equipada con un microprocesador y un sistema dirigido específicamente al manejo de aplicaciones múltiples.[13]

Ya mencionamos la gran cantidad de información que pueden contener estas pequeñas tarjetas y cuántas tarjetas diferentes de identificación se pueden descartar con una tarjeta electrónica. Es difícil imaginar cuánta información

---

12. Citado en *SCIA Communicator*, primavera de 1993.
13. *Card Technology*, noviembre de 1992.

puede contener uno de estos microprocesadores, ¡que mide aproximadamente veinticinco milímetros cuadrados!

Objeto minúsculo y poderoso

¿Cuán poderosos son exactamente estos microprocesadores? Pedimos a nuestros investigadores que estudiaran esta pregunta. ¿Las conclusiones?

El gobierno de Estados Unidos está probando el uso de tecnología de tarjetas electrónicas para su propuesta universal de tarjeta de salud, porque la micropastilla en una tarjeta puede retener increíble cantidad de información. ¡Un circuito integrado corriente de 4 megabyte puede albergar el equivalente de dieciséis mil páginas de texto a un espacio! Eso sería más que suficiente para albergar toda la historia clínica de una persona por vieja y enferma que sea, y no sería solo para mencionar la información sobre el seguro. Todo en un circuito integrado de veinticinco milímetros cuadrados.[14]

Si le parece asombroso, agárrese firme, porque aquí viene el resto de la historia:

Pero la gran noticia es el último circuito integrado que fue anunciado por primera vez en el congreso Frontera Mundial. ¡Toshiba ha desarrollado un microprocesador de circuito integrado no más grande que el de 4 megabyte y que puede retener un gigabyte de información hasta por cien años!

¿Qué es un gigabyte? Básicamente, un «byte» es la medida más pequeña de dato de computadora, aproximadamente

14. Revista *This Week in Bible Prophecy*, vol 1, Is. 2.

igual a un sexto de carácter alfabético, tal como una «T». Por ejemplo, para escribir la palabra «tipo» se llevan aproximadamente 24 bytes. Ya dijimos que un circuito integrado de 4 megabyte conserva dieciséis mil páginas de información. 4 megabyte son cuatro millones de «bytes». Un gigabyte equivale a mil millones de bytes.

Para darle algún sentido de la perspectiva, un millón de segundos son doce días. Mil millones de segundos son treinta y dos años. Un gigabyte de memoria equivale a diez mil veces la capacidad de una computadora personal.[15]

Increíble, ¿verdad? Hoy día estas tarjetas infalsificables tienen el potencial de servir como la primera «billetera electrónica» del mundo totalmente funcional. El mayor impedimento del sistema es todavía el problema de asegurarse de que la persona que utiliza la tarjeta es la propietaria de la misma.

La fuente real de estos problemas, como ya lo dijimos, es el sistema actual de seguridad utilizado por los bancos. El sistema confía en números de identificación personal como su único procedimiento de seguridad.

Hoy día estas tarjetas infalsificables tienen el potencial de servir como la primera «billetera electrónica» del mundo totalmente funcional.

Cuando un usuario recibe la tarjeta se le asigna un PIN. Este número de cuatro cifras se codifica en la tarjeta y se le da al usuario. Cuando este hace una transacción en un cajero automático inserta la tarjeta en la máquina y pulsa en ella su número secreto. Si el número corresponde al codificado en

---

15. *Íbid*.

la tarjeta, la máquina supone que la persona que usa la tarjeta es el legítimo propietario. Parece muy bueno en teoría, pero en la práctica sencillamente no da resultado.

En realidad los PIN no son seguros

El fabricante de la tarjeta por lo general selecciona el PIN al azar, aunque en algunos casos es el cliente quien selecciona su propio número. A menudo los portadores de tarjetas escogen un PIN fácil de memorizar para ellos, como un cumpleaños (5/3/45), los cuatro últimos dígitos del número de Seguro Social (4832), las cuatro últimas cifras del número telefónico (8037), o algún otro número conocido. El problema con esto es que probablemente esos números se localizan en otros documentos en la billetera o bolso de la víctima. Los ladrones ven estos números, los usan en el teclado numérico y con frecuencia tienen éxito. *U.S. News & World Report* [Informe del mundo y noticias de Estados Unidos] sintetiza el problema:

> En una época en que prácticamente a todos los estadounidenses se les pide mostrar su identificación, que va desde licencia de conducir hasta tarjetas de crédito, el procedimiento para asegurar que alguien es quien dice ser es un gran negocio y asunto de creciente preocupación. Los expertos en seguridad dicen que ya no es suficiente la sencilla contraseña, la insignia de identificación o la tarjeta magnética codificada. Estos dispositivos tradicionales se pueden falsificar, robar o encontrar accidentalmente.[16]

Con insistencia, los bancos advierten a los clientes que memoricen sus PIN y que después destruyan el papel que contiene su número de seguridad. Pero no siempre ocurre.

16. *U.S. News & World Report*, 17 de diciembre de 1984.

Muchos ancianos portadores de tarjetas no confían en sus memorias, así que escriben el PIN y lo llevan con ellos. Por desgracia lo portan a menudo en sus billeteras o bolsos cerca de la tarjeta misma e identifican claramente el número como su PIN de cajero automático. ¡Muchos usuarios, no solamente los ancianos o los que tienen problemas mentales, escriben sus PIN sobre la tarjeta! De esta manera facilitan las cosas a los ladrones. Un estudio hecho por el Banco Federal de la Reserva de Atlanta documentó así esta triste realidad:

> Las normas corrientes de seguridad ... en general han fallado al dar solo un vínculo rudimentario entre el individuo y su acceso a los fondos de su cuenta ... La combinación de la tarjeta de banda magnética busca sencillamente comparar a un portador de la tarjeta plástica con el conocimiento de un código o PIN de cuatro a seis dígitos.

> Un creciente conjunto de investigaciones señala con ironía que muchos portadores de tarjetas, en vez de memorizar su PIN, portan una copia de ese número cerca de su tarjeta bancaria. Otros literalmente lo escriben sobre las tarjetas plásticas.[17]

Otro problema con el actual sistema de seguridad se relaciona con los robos armados. Cualquier persona razonable a quien se le amenaza con un arma soltará con agrado su PIN en vez de recibir un disparo.

Las pérdidas por estas fallas de seguridad se suelen minimizar mediante límites diarios establecidos en la cantidad de dinero que puede retirar de los cajeros automáticos. El límite en nuestro banco es de quinientos dólares diarios. De modo que si alguien roba una de nuestras tarjetas bancarias y se las arregla de alguna manera para encontrar el

---

17. Revista económica del Banco Federal de la Reserva de Atlanta, marzo de 1986.

correspondiente número de PIN, el daño que haría sería mínimo antes de que se informe el robo.

Está claro que si vamos hacia una sociedad sin dinero en efectivo, se debe desarrollar un sistema de tarjetas mejor y más seguro. No hay otra alternativa.

El informe del Banco Federal de la Reserva de Atlanta al que nos referimos poco antes observó que «se están considerando algunas alternativas, tales como firmas dinámicas y reconocimiento por la voz, que se basan en características biométricas no transferibles.[18] Estas características, entre las cuales se incluyen las huellas digitales, son un medio para verificar que usted es en verdad quien asegura ser. En este mundo electrónico hasta nuestras huellas se pueden integrar a la base de datos de la computadora. Como podemos ver, todo esto nos acerca cada vez más al mundo de la marca de la bestia.

18. *Íbid.*

4

Su cuerpo: la única identificación que necesitará

Su nombre es Bond. James Bond. Para tener acceso a su base secreta coloca el dedo en una máquina electrónica, la cual verifica que en verdad él es 007. O para entrar en un edificio de la OTAN mira a través de un par de anteojos que parecen binoculares. Al hacerlo, un rayo de luz se enfoca en el iris de su ojo, que incluso es más singular que sus huellas digitales.

Aunque James Bond es pura ficción, estas tecnologías de la era espacial son ahora gran parte del mundo real. Conocido en conjunto como biometría, este sistema identifica a un individuo por sus características físicas o conductistas exclusivas. Es indudable que cuando se perfeccionen, estos sistemas serán a la larga la clave de la seguridad en el mundo electrónico.

Hoy día las tecnologías biométricas de avanzada incluyen lectores de huellas digitales, sistemas de reconocimiento de voces, firmas dinámicas, etc. En un mundo en que se elimina el dinero en efectivo y toda transacción se realiza electrónicamente, la seguridad es el factor principal para operar el sistema y para que la gente confíe en él. Tal vez la biometría pueda parecer futurista, pero en el mundo cambiante de hoy el futuro es ahora mismo.

Bud va de compras

Para clarificar vamos a presentar a Bud, un personaje ficticio. Imaginemos que él participa en un programa para verificar sus huellas digitales con su nueva tarjeta electrónica de débito. Él decidió dar este paso porque no logra recordar su número personal de identificación. Al desarrollarse los acontecimientos, Bud se dirige al local de la tienda de víveres donde la empresa de tarjetas ha colocado una «caja para afiliados».

A Bud se le expide en la caja su propia tarjeta electrónica con su diminuta micropastilla. La tarjeta está programada como una tarjeta de débito, de tal manera que cuando al poco rato Bud llegue con sus víveres a la caja, el dinero se transfiera electrónicamente de su cuenta bancaria a la cuenta de la tienda. Pero regresemos a la caja para afiliados donde debe suceder algo antes de que él pueda iniciar sus compras.

En un mundo en que se elimina el dinero en efectivo y toda transacción se realiza electrónicamente, la seguridad es el factor principal para operar el sistema y para que la gente confíe en él.

La joven cajera que hace la afiliación pide a Bud que coloque el dedo índice en una maquinita adherida a una computadora personal. Esta máquina examina la huella digital y hace un dibujo computarizado de ella llamado plantilla. En solo unos segundos esa plantilla se transfiere digitalmente y queda registrada en la memoria del circuito integrado de la tarjeta electrónica de Bud. Eso es todo. El trabajo está hecho y tomó menos de cinco minutos.

Por favor, ¿me da su tarjeta y su dedo?

Ahora Bud está listo para comprar. En su carrito de compras hay cinco frascos de mantequilla de maní, dos racimos de bananos y un filete de carne, y él se dirige a la caja. Cuando llega el momento de pagar le pasa su tarjeta electrónica a la cajera, quien la coloca en la terminal de punto de venta que está unido electrónicamente con el banco de Bud y el de la tienda. Al instante el dinero se transfiere de la cuenta de Bud a la cuenta de la tienda. Pero, un momento, ¿qué pasa si no es Bud quien presenta esta tarjeta? Después de todo, la cajera no lo conoce. Él podría estar utilizando la tarjeta de otra persona.

El cajero pide a Bud que coloque el dedo en el lector adherido al terminal POS para verificar que él es realmente el dueño de la tarjeta. Este lector examina la huella de Bud de la misma manera como lo hizo el lector en la caja para afiliados. Pero ahora compara la huella digital con la que está grabada en la tarjeta. Si las dos corresponden, Bud puede hacer sus compras. Si no, la policía llegará al momento.

La combinación de las tarjetas electrónicas y la seguridad por biometría es una unión tecnológica con gran potencial.

¡Qué sistema más ingenioso! No hay que memorizar números. No existen complicaciones: lo único que se necesita es su tarjeta y su dedo. Es tan sencillo como seguro.

No muy lejos de la realidad

Estos adelantos tecnológicos podrían parecer salidos de una película de James Bond o de un episodio de «Viaje a las estrellas», pero la verdad es que las bases de los sistemas biométricos han estado con nosotros por más de veinte años. La lenta aceptación pública y los fondos de investigación cada vez más limitados impidieron su desarrollo en la década anterior, pero el esfuerzo se inicia de nuevo para hacer de estos sistemas una realidad a costo efectivo. Los elevados costos de desarrollo en la década de los ochenta hicieron que se suspendiera la realización de estos sistemas. Sin embargo, los sobrevivientes en este competitivo campo han podido reducir los costos de equipos y están convencidos de que las promesas de la década pasada se harán realidad en esta.

Hoy día los costos de tarjetas basadas en sistemas biométricos POS han disminuido entre $3.500 y $7.000 cada uno. Aunque todavía son más costosos que los sistemas PIN, las realidades de un mundo electrónico los están haciendo cada vez más competitivos:

> «Ahora que tenemos precios competitivos creemos que las comparaciones serán por rendimiento, no por precio o dinamismo», dijo un funcionario de la industria. «A la persona que tiene en juego todo su capital no le importa si cuesta $6.000 o $4.000. Eso no es lo más importante».[1]

Aunque estos sistemas son costosos, el precio que se paga es pequeño si se tiene en cuenta que, en un mundo

1. *Automatic I.D News*, junio de 1992.

donde el dinero en efectivo se elimina, la seguridad de cada individuo se relaciona directamente con la seguridad del sistema electrónico.

La seguridad del nuevo orden mundial

Debido a su costo y a su uso limitado en la sociedad actual manejada por el dinero y el crédito, los sistemas biométricos de seguridad se han desarrollado principalmente para gobiernos y clientes que dependen de ambientes de alta seguridad. Sin embargo, esto está cambiando. Un informe de 1992 calculaba que las ventas de la industria biométrica se duplicarían en 1995 cerca de cuarenta millones de dólares.[2]

El mayor de estos nuevos mercados se encuentra en el área de seguridad en tarjetas electrónicas. El editor de *Smart Card Monthly*, Stephen Seidman, dice:

> Pienso que ciertas aplicaciones llevarán al crecimiento de la unión entre las tarjetas electrónicas y la biometría. El acoplamiento de las dos permite la identificación del portador de la tarjeta y por consiguiente las operaciones remotas sin vigilancia.[3]

La combinación de tarjetas electrónicas con la seguridad de la biometría de por medio es un matrimonio tecnológico con gran potencial. Es una unión lógica y fiscal. Después del desembolso inicial para los terminales biométricos, sin duda el sistema dará ahorros sustanciales (al menos para las industrias bancarias y de tarjetas de crédito). Con seguridad los consumidores y minoristas tendrán parte en estos beneficios.

Ben Miller, editor de *PIN: Personal Identification News*, dice:

2. *Íbid.*
3. Stephen Seidman, citado en *Automatic I.D. News*, junio de 1992.

La biometría y las tarjetas electrónicas se han puesto en práctica unidas en numerosos programas durante los últimos cinco años ... Se considera que la utilización de la biometría, comparada con el circuito integrado de una tarjeta electrónica, es una de las formas más seguras de protección para los datos y las funciones ejecutables de las tarjetas electrónicas ... En esencia, el proceso es el mismo que las comparaciones comunes de PIN procesadas en la mayoría de las tarjetas, pero el nivel de seguridad es más elevado porque, a diferencia de los PIN, las manos no se pueden perder, olvidar o robar.[4]

Usted es tan exclusivo como lo asegura la computadora

Demos ahora una mirada más cercana a los diferentes identificadores biométricos.

El identificador biométrico más conocido son las huellas digitales. Estas se han usado por muchos años, especialmente en el sistema legal. Este método único de identificación ha progresado bastante en los últimos años, gracias a los adelantos tecnológicos.

Un líder en la industria afirma, que su más novedoso sistema es en última instancia la solución para identificar individuos:

TouchSafe prueba que una persona es quien asegura ser. Esta prueba es sencilla y tarda solo un segundo. Cada terminal contiene un lector de huellas conectado a una placa procesadora.[5]

4. *PIN: Personal Identification News*, marzo de 1993.
5. Literatura promocional Identix.

Las huellas digitales todavía son las preferidas de Jessica Fletcher

Los organismos responsables de hacer cumplir la ley han utilizado la identificación por huellas digitales durante mucho tiempo. Las películas antiguas muestran al cansado detective con un cigarrillo colgando de la comisura de los labios y hojeando libros de huellas digitales en busca de una que corresponda. Sin embargo, Jessica Fletcher de la televisión y su legión de policías no tienen tales problemas. Los métodos antiguos se han actualizado y simplificado mediante el uso de nueva tecnología. La identificación puede ser por lo tanto mucho más rápida, con el acceso instantáneo a archivos computarizados de huellas digitales. Las personas ya no tienen que hojear montones de figuras con impresiones dactilares; ahora la computadora puede hacer las comparaciones a la velocidad del rayo. Este es todavía un método de identificación casi infalible.

Tales sistemas son valiosos no solo para detectives y compradores de víveres; los usos son tan diversos como alguien se podría imaginar. La policía del estado de Maryland, por ejemplo, está utilizando máquinas de huellas Identix para asegurarse de que no haya equivocaciones al liberar a un prisionero, lo que podría ser un gran problema bajo el antiguo sistema. También están intercomunicando sus máquinas de tal manera que se pueda identificar adecuadamente a los prisioneros en ciertos puntos de control como la corte, la enfermería, la farmacia, etc. Hasta los visitantes en muchas prisiones de alta seguridad se deben someter a verificación electrónica de huellas digitales.

«Tenemos aquí personas con un historial de violencia y fugas», dijo el vocero de Leavenworth, Dan McCauley. «En todo momento hay que imaginarse que alguien está planeando algún medio de escapar de este sitio, por lo tanto nuestros visitantes se convierten en un asunto de seguridad».

Quienes visitan la prisión insertan un dedo en un diminuto analizador. Luego se almacena un registro de la huella en una base de datos computarizada junto con las impresiones de otros visitantes de la prisión.

«Al salir, usted coloca de nuevo el dedo en el sistema, el cual dirá: "¡Ajá! ese es usted quien ingresó y ahora se va"», dijo Scoot G. Schiller, director de relaciones de inversionistas en Fingermatrix. «Lo que aquí se trata de evitar es que salga quien no debe salir».[6]

El proyecto SINS (siglas en inglés del Sistema Estatal Integrado de Narcóticos), patrocinado por el Departamento de Justicia de California, también adoptó la identificación por huellas digitales como un seguro para las estaciones individuales de labor de cómputo. Esto asegura que solo a empleados autorizados se les permite el acceso a los datos en las investigaciones en curso.

¿Vivo o muerto? La máquina puede decirlo

Alguien podría discutir que esto está bien para un prisionero que se encuentra bajo la vigilancia de un guardia armado, pero, ¿qué hay acerca de la identificación por huellas para las tarjetas bancarias? ¿Cómo evitar que un criminal mate a su víctima, le corte el dedo y lo utilice luego para ingresar a sus cuentas financieras?

La nueva tecnología tiene una respuesta. Cuando los dispositivos de lectura verifican las huellas de una persona, también pueden decir si el dedo está vivo o muerto. Esto podría parecer un poco inverosímil, pero tenga paciencia por un momento.

6. *Herald Statesman*, condado de Westchester, 7 de junio de 1989.

La mayoría de las personas colocarían con gusto el dedo en un lector de huellas a instancia de un atracador armado, pero suponga que la víctima opone resistencia y muere o queda incapacitada. No es inverosímil que un criminal podría cortar el dedo de alguien y utilizarlo en el dispositivo de seguridad, en casos singulares (en que se intenta entrar en instalaciones de alta seguridad, por ejemplo) donde los riesgos son muchos.

Al criminal no le daría resultados. En el congreso de tecnología de tarjetas, en 1993, alguien que demostraba uno de esos sistemas de seguridad por huellas digitales explicó que el sistema puede decir si un dedo está vivo o muerto mediante un lector de hemoglobina instalado en él.

Querida, tus manos son muy geométricas

Aunque el método biométrico de huellas digitales es todavía el más popular, muchos desarrollos novedosos amenazan su predominio. Uno de ellos es la geometría de las manos.

La geometría de las manos existe desde 1971. En los últimos años se ha vuelto más popular como herramienta de identificación. El centro de aplicación de seguridad de la compañía Westinghouse Harford desarrolló hace poco una plantilla, utilizando la geometría de la mano en vez de huellas digitales. La plantilla se instala en la tarjeta electrónica de la misma manera que se hace con las huellas y se puede tener acceso por comparación en cualquier momento.

Sin duda usted ha visto tales sistemas en películas de ciencia ficción o de espionaje. Para conseguir el ingreso a un área de seguridad, los empleados deben colocar la mano en un dispositivo de lectura. Exactamente como en las películas, las máquinas examinadoras verifican hoy día el contorno de la mano y la longitud y altura de los dedos, sin tener por supuesto el zumbido y las luces titilantes necesarias en las películas.

Por favor, los empleados de aduanas e inmigración sitúense a la izquierda, y a quienes se les leerá la mano a la derecha

En realidad la verificación por geometría de la mano ya está funcionando en muchos edificios de alta seguridad. Es más, tales sistemas se han instalado en aeropuertos de todo el mundo. En dos aeropuertos del oriente de los Estados Unidos se instaló el sistema para acelerar el procedimiento de inmigración. He aquí la forma en que un periódico describió las novedosas máquinas:

> La mano se examina con rayos infrarrojos ... tarda de dos a cuatro segundos, para que sea inofensivo (no se utilizan rayos X), determinar con noventa y nueve por ciento de exactitud si un pasaporte pertenece a la persona que lo presenta.

> Así es como funciona: un viajero camina hasta una caseta de inspección electrónica, inserta su pasaporte en una máquina lectora de documentos, luego coloca la mano en un analizador que mide su geometría y examina características tales como la relación de un dedo con otro.

> La puerta de admisión se abre automáticamente si la computadora decide que el pasaporte corresponde al portador.[7]

El artículo dice más adelante que el Servicio de Inmigración y Naturalización planea instalar ese sistema, dependiendo de los resultados en estos sitios de prueba, en todos los aeropuertos internacionales de los Estados Unidos. Se espera que estos analizadores de mano reduzcan el procedimiento de reingreso de viajeros a casi treinta segundos. Esto da

7. *International Herald Tribune,* 6 de noviembre de 1992.

considerable ahorro en tiempo, si se tiene en cuenta que las demoras por revisión de pasaporte ahora tardan hasta noventa minutos en los aeropuertos más concurridos. Un rápido acceso entre fronteras se hace esencial a medida que el mundo se vuelve más interdependiente.

Aunque estos desarrollos son de por sí interesantes, existe otro desarrollo que hace aun más emocionante al sistema. Nuevos adelantos en el campo de pasaportes electrónicos podrían significar que ya no fuera necesaria la instalación de biometría en una tarjeta plástica.

La opinión actual es que las plantillas geométricas de manos se podrían registrar en un formato OCR (siglas en inglés de reconocimiento óptico de características) sobre visas expedidas últimamente o como una etiqueta adherible que se podría pegar al pasaporte. Además de las unidades de verificación geométrica de manos en los lugares de ingreso no se necesitaría más maquinaria que el equipo de OCR, el cual ya se ha instalado en muchos aeropuertos de todo el mundo. Al viajero se le pedirá una muestra geométrica de la mano ... la plantilla resultante se imprimirá entonces en una hoja de papel que se puede insertar en el pasaporte.

La próxima vez que llegue a un aeropuerto con el mismo sistema, el pasajero podrá ir directamente a la salida especial de control de pasaportes que tiene dos torniquetes. En el primero se le pedirá que presente la hoja con la plantilla biométrica para obtener sus detalles. Irá entonces al segundo torniquete donde se le pedirá una prueba de lectura geométrica de la mano. Después de que se hayan comparado adecuadamente, se le permitirá pasar al corredor principal.

La geometría de la mano puede entonces ofrecer una ventaja importante en costo. No es solo su capacidad para eliminar la emisión de una tarjeta u otro dispositivo ... la verificación geométrica de la mano tiene una segunda ventaja, que tiene un mejor desempeño en el campo de la biometría.[8]

¡Hola linda! ¿Un poco menos de crema de manos?

La geometría de manos crea una plantilla basada en ciertas medidas y relaciones únicas para la mano de cada persona. Un análisis geométrico podría mostrar la longitud de todos los dedos, así como el espacio normal entre ellos en puntos diferentes mientras la mano está descansando. La lectura también podría dar el ancho de los dedos, el ancho de la palma de la mano y muchas otras anotaciones. Estas lecturas geométricas son tan individualizadas como las huellas digitales.

La geometría de manos también resulta donde las huellas no podrían hacerlo. Por ejemplo, no se puede confiar en las huellas de algunas personas como obreros manuales, fumadores de pipa y mujeres que utilizan crema de manos. En todos estos casos puede ser imposible registrar las impresiones que dejarían los remolinos y círculos en huellas normales porque estarían llenos de sustancias extrañas (crema de manos), porque estarían quemadas (por agarrar continuamente una pipa caliente) o porque se hayan gastado por la fricción continua (ocasionada por labores manuales). Además, muchos expertos en biometría creen que la tecnología de huellas digitales podría enfrentar alguna oposición debido a su larga asociación con actividades criminales.

La única desventaja técnica para la geometría de la mano es que requiere una localización para colocar la mano de las personas en un sitio preciso del área de lectura. Pero esto parece ser un contratiempo pasajero.

8. *Card Technology Today*, julio/agosto de 1992.

El verificador de identidad personal Mark VI

El periódico *Biometric Technology Today* nos dice que la empresa PIDEAC se dispone a poner en producción masiva su verificador de identidad personal Mark VI. El artículo dice:

Lo extraordinario de este dispositivo de verificación por geometría de la mano es que no requiere que los usuarios coloquen las manos en postes o ranuras localizadas en el área de lectura. En vez de eso, la compañía ha desarrollado una técnica por la cual se permite que la mano se coloque en cualquier parte del área de lectura. Ambas manos se pueden inscribir en el sistema, en caso de que una de ellas se lesionara en el futuro.[9]

Al estudiante de la profecía bíblica no solo le interesa el nombre de este dispositivo sino el hecho de que sus creadores han decidido registrar ambas manos por si hay lesiones futuras. La Biblia podría muy bien haber profetizado tal precaución cuando se refiere a «la marca» en la mano derecha o la frente.

También existen otras características interesantes del nuevo sistema Mark VI. El dispositivo no solo se puede utilizar para verificar la identidad sino que se puede programar con restricciones de tiempo de acceso, con los nombres y números de usuarios autorizados, y con registros de tiempo y asistencia para pagos de nómina.

El precio de este sistema Mark VI será más o menos $6.300, un costo moderado si se tiene en cuenta el ahorro de tiempo que brinda en las medidas de seguridad. Sin embargo, PIDEAC ya está haciendo pruebas con un dispositivo

9. *Biometric Technology Today*, abril de 1993.

más sencillo y pequeño para usos de mediana y baja seguridad que mide cuatro dedos solamente. Estos aparatos costarán menos de mil dólares. Además de sus obvios usos, estos sistemas más pequeños se pueden instalar en el tablero de mandos de los autos como dispositivos antirrobos o para admitir el acceso en áreas restringidas y estacionamientos.

Ya me acostumbré a tu cara

El reconocimiento facial es una industria bastante nueva. En el congreso llamado «Soluciones para la Frontera Mundial», celebrado en Washington D.C., el organizador Ben Miller señaló que varias empresas están trabajando en los dispositivos de reconocimiento facial. Según Miller, sin embargo, solo una de ellas, NeuroMetric Vision, está a punto de desarrollar un producto que podría estar en el mercado en poco tiempo.

Los sistemas de reconocimiento facial se han diseñado para reconocer rostros humanos que correspondan a personas inscritas con anterioridad. La mayoría se limita a poblaciones relativamente pequeñas y han restringido la tolerancia a cambios de estatura, orientación e iluminación. La investigación de patrones de reconocimiento se beneficia con los adelantos en tecnología neural y de computación.

James P. Holmes, de Laboratorios Sandia National, aseguró: «Mientras las técnicas y herramientas continúen mejorando, es casi seguro que el reconocimiento facial se convierta en una importante tecnología biométrica».[10]

10. Extraído de un documento presentado por James Holmes de Laboratorios Sandia National para el congreso de tecnología en tarjetas y seguridad, Washington, D.C., abril de 1993.

Pat, llevaré una nariz, un ojo y una oreja por $300

Durante el congreso se mostró también un prototipo de otra tecnología relacionada y conocida como Visage. Aunque sin la alta técnica del reconocimiento facial, este sistema es una fascinante aproximación a la verificación de identidad.

Quizás este sistema no sea en absoluto una verdad biométrica. Hugh Davis, quien lo desarrollara, presentó el término «fisionomía» como la mejor manera de describirlo. Esta se define como el arte de evaluar las funciones de las características faciales ... Esto no es exactamente lo que en realidad hace Visage sino que es el término más adecuado que se puede encontrar.

Para inscribirse en el sistema Visage, los usuarios deben seleccionar tres imágenes faciales diferentes que podrían ser de dos personas conocidas por él y de un extraño escogido por la computadora, o esta podría escoger las tres. En el momento de la verificación aparecen en una pantalla ocho rostros parecidos pero diferentes junto a uno de los escogidos por el usuario, colocados en una matriz de tres por tres. Frente a cada rostro aparece una letra que el usuario debe presionar para seleccionar el rostro deseado. Si identifica la cara correcta, entonces la pantalla saca otros nueve rostros. El usuario selecciona el nuevo rostro que eligió y otra vez sale en pantalla un nuevo juego de rostros para que él haga otra selección.

Aunque el sistema Visage podría parecer lento y fastidioso, las pruebas indican que en realidad es bastante rápido. Los rostros se muestran solo por uno o dos segundos, suficiente para que la persona adecuada seleccione correctamente sus tres rostros. También se ha descubierto que la persona puede recordar fácilmente los rostros después de tres meses, tiempo suficiente para haber olvidado un PIN. La única ocasión en que el sistema rechaza a las personas es cuando confunde sus opciones. El sistema está diseñado con las necesidades del mercado de control de acceso computarizado, pero se cree que con más desarrollo se podría adecuar para otras áreas de aplicación biométrica.[11]

¿Es en vivo o es Memorex?

Estas tecnologías no son las únicas involucradas, como ocurre por lo general con el desarrollo industrial. Películas recientes de Hollywood han presentado al público los últimos diseños. Por ejemplo, ya se están afinando los sistemas de verificación de voces.

Quienes vieron la película «Sneakers» recordarán que el héroe derrotó al sistema de verificación de voces mediante el uso de patrones de voces grabadas. Esta tecnología está avanzando, pero igual que en la película, todavía hay algunos problemas en el sistema. ¿Podría un sistema distinguir entre una voz «en vivo» y una grabada? ¿Podría un sistema de reconocimiento de voces conocer la respuesta a la pregunta: «¿Es en vivo o es Memorex?» Los creadores dicen que los sistemas reales pueden «desconcertar aun a las voces digitales grabadas», pero también admiten que es aconsejable un segundo verificador de seguridad (como un PIN).

Como un indicio de cuán lejos ha llegado esta tecnología, los investigadores de las universidades y del sector privado están desarrollando computadoras personales que funcionan por reconocimiento de voz, no con propósitos de identificación sino para convertir palabras habladas en escritas. Ya hemos entrado en la era de Viaje a las Estrellas, donde usted puede tener acceso a su computadora con solo pronunciar la palabra «Computadora».

11. *Biometric Technology*, abril de 1993.

Su código personal de barras

Millares de investigadores están analizando otros sistemas para verificar identidad. Uno de los más interesantes se llama el examen de venas. Cuando usted empuña la mano, las venas de la parte subcutánea son más visibles a simple vista y aun más para los dispositivos detectores de venas. A esta técnica se le denomina «código personal de barras».[12]

Al mismo tiempo el Pentágono está experimentando con un nuevo sistema de identificación genética. Los militares dicen que cuando se ponga en práctica, el sistema garantizará que en guerras futuras no habrá más bajas como «soldados desconocidos». Según una historia de Prensa Asociada, el Departamento de la Defensa:

> Autorizó la creación de un depósito de muestras biológicas, que se podrían utilizar como identificación, tomadas de la sangre y saliva de todos los miembros de los organismos armados. El mayor del ejército Victor Weeden, jefe del Instituto de Patología de las Fuerzas Armadas, dijo que las muestras se colocarán en tarjetas de identificación que serían almacenadas en paquetes sellados al vacío y luego congelados.[13]

Exactamente como a usted le gusta

A pesar de estos descubrimientos memorables, dos factores dificultan la implementación de dicha tecnología: la aceptación del público y los elevados costos del equipo. El primer problema empieza a desaparecer. *Biometric Technology Today* informa que el banco Barclay ha estado efectuando

---

12. Soluciones del congreso Fronteras Mundiales, Washington, D.C, abril de 1993.
13. Cedar Rapids, *Gazette*, 11 de enero de 1992.

pruebas biométricas y que la reacción del público ha sido sorprendentemente positiva:

La reacción de los clientes ante el proyecto biométrico llevado a cabo en septiembre de 1992 estimuló el interés de Barclay en probar sistemas de verificación por huellas digitales.

La investigación fue realizada por el Foro de Tarjetas Plásticas para la Prevención de Fraudes (PFPF, por sus siglas en inglés), bajo el auspicio de la Asociación Bancaria Británica llamada APACS. *Biometric Technology Today* resultó escogida del informe de APACS sobre esta investigación, la cual arrojó resultados sorprendentes. Se preguntó a dos mil personas de los distintos estratos sociales su opinión acerca de la utilización del PIN, de verificación de firma y de la verificación de huellas en el sitio de venta.

Los sistemas de verificación de huellas digitales emergieron sorpresivamente como el método favorito de los tres presentados en la encuesta. La razón principal fue la percepción de su alto grado de seguridad. La verificación de huellas digitales era también rápida, confiable y de fácil utilización.[14]

Cuando el público percibe claramente que hay seguridad adicional para sí mismos y para su dinero, además de la posibilidad de reducir los costos bancarios, parece disminuirles el temor hacia esos dispositivos orwellianos.

Salude al futuro

Seguramente estos sistemas elaborados parecen lógicos y en realidad tienen algunos efectos positivos de largo alcance.

14. *Biometric Technology*, abril de 1993.

Los costos se reducen. Piense tan solo en la época en que aparecieron en el mercado las primeras calculadoras. Nuestro amigo Arno Froese, presidente de los Ministerios Llamadas a Medianoche, cuenta una anécdota de cuando compró su primera calculadora. Un vendedor tardó toda una mañana en demostrar esta tecnología novedosa que en esa época era bastante costosa. Usted ahora puede, por supuesto, comprar calculadoras en la caja de una tienda de barrio por un par de dólares. Asimismo, hoy día se considera a las computadoras originales XT de IBM como la más joven de las antigüedades del mundo.

Por lo tanto, mientras los investigadores continúan el desarrollo de *hardware* y *software* para estos sistemas de verificación, otros en la ciencia, industria y gobierno buscan con fervor un sistema mejor, de costo más eficaz e incluso más seguro que traiga viabilidad, accesibilidad y capacidad. Con el futuro económico mundial pendiente de un hilo, el interrogante ya no es «si» sino «cuándo».

5

||||||||||

¿Será en la mano o en la frente?

He aquí un sencillo truco: Agite la mano sobre el examinador en la tienda de víveres y sus compras se deducirán de su cuenta bancaria. Ya existe la tecnología para lograr esta proeza ... dijo Tim Willard, director ejecutivo de la Sociedad del Mundo Futuro, una organización de Washington que asegura tener veintisiete mil miembros en todo el mundo, aunque tal vez no sean tantos.

«Sugiera tan solo algo así como un implante en seres humanos y las protestas sociales serán inmensas», dijo Willard. «Aunque a través de los años la humanidad ha estado acostumbrada a las prótesis, existe definitivamente una gran aversión a que se implante algo. Es el concepto de la vigilancia del Hermano Mayor: Las personas temen que les controlen sus pensamientos y movimientos».[1]

La cita anterior no viene de una revista cristiana o de un periódico profético. Fue una noticia difundida por el respetable servicio noticioso Gannett. Informes como este no son aislados ni exagerados.

La seguridad del sistema computarizado en este mundo electrónico es preocupación primordial. A las claras, parece que ninguna precaución es extrema.

El mayor problema que enfrentan los planificadores de la sociedad sin dinero es asegurarse de que el individuo que porta la tarjeta electrónica, es la misma persona a quien verdaderamente pertenece.

Sin embargo, para el estudiante de la profecía bíblica, aquí se cierra el círculo de una discusión sobre la sociedad sin dinero, las tarjetas electrónicas y la biometría. De repente, las ideas vanguardistas de quienes planifican la seguridad en el siglo veinte se alinean con profecías que el apóstol Juan documentó hace casi dos mil años.

Quiéralo o no, esta tecnología está sin duda en camino. Lea lo que dijo Terry Galanoy, exdirector de comunicaciones en lo que hoy día es Visa Internacional:

Tampoco ayuda la protesta ciega porque el alboroto que usted arma terminará en uno de sus archivos.

---

1. Gannett News Service, tal como fue citado en *Omega-Letter*, octubre de 1986.

Llegará el día en que dependerá total y absolutamente de nuestra tarjeta *(o de cualquier dispositivo de seguridad que la reemplace)*, ¡y podría quedarse solo sin ella![2]

Compare ahora esta advertencia, y la noticia difundida por Gannett que acabamos de citar, con un pasaje del libro de Apocalipsis:

> Y hacía que a todos, pequeños y grandes, ricos y pobres, libres y esclavos, se les pusiese una marca en la mano derecha, o en la frente; y que ninguno pudiese comprar ni vender, sino el que tuviese la marca o el nombre de la bestia, o el número de su nombre (13.16,17).

Como siempre, Dios se adelanta a los más modernos ingenieros biométricos, creadores de tarjetas electrónicas y planificadores de sistemas de comunicación mundial. ¡Es para quedarse boquiabierto! Dios no está muerto; por el contrario, Él está más en la cima de los últimos acontecimientos mundiales que todos los filósofos insensatos que prepararon su obituario.

¿Será en la mano o en la frente?

Piense en esto por un instante. Es ingenioso. El mayor problema que enfrentan los planificadores de la sociedad sin dinero es asegurarse de que el individuo que porta la tarjeta electrónica es la persona a quien verdaderamente pertenece. Pero la tarjeta electrónica no es en realidad una tarjeta electrónica. Lo único electrónico es la diminuta micropastilla adherida a ella. El resto de la tarjeta plástica es solo un pequeño estuche portátil y un intento tipo Avenida Madison

---

2. Terry Galanoy, *Charge It*, Putnam Publishers, Nueva York, 1980.

de consolarnos al darnos esta nueva tecnología empacada en las mismas tarjetas plásticas que solemos utilizar.

Sin embargo, ¿qué pasaría si usted sencillamente tomara de la tarjeta esa micropastilla y la implantara debajo de la piel? Listo, ya no necesitaría todos esos complicados dispositivos biométricos. Ya no es necesario verificar que la persona con la tarjeta sea el legítimo dueño. ¡La persona *es* la tarjeta!

Hablaremos un poco más de esto en unos momentos, pero antes abramos nuestras mentes a las realidades de la implementación de tal sistema. Hemos visto que el grave problema está en conseguir que las personas acepten un sistema que presagia mal augurio. Tan frecuente como sucede, sin embargo, parece que surgen centenares de razones para convencer a los planificadores y a los ciudadanos comunes y corrientes de que los implantes podrían ser una de las mejores ideas en la historia de la humanidad.

¿Sabe dónde están sus hijos?

En la década de los ochenta comprendimos con gran alarma que miles de nuestros niños se estaban extraviando. Nuestra sensibilidad fue atacada por horripilantes informes acerca de niños quienes habían sido robados por individuos involucrados en la «trata de blancas» para utilizarlos en rituales paganos, en la industria pornográfica y también los convertían en blancos de abuso sexual. Se agregaron a esto los secuestros para pedir rescate y los raptos por padres separados, de modo que el problema tomó proporciones monumentales.

Desgarradores avisos en cartones de leche y en la televisión nos recordaban continuamente que todos los días se secuestraba, maltrataba y a menudo se asesinaba a muchos niños. Este grave problema llevó a la suma de esfuerzos desesperados para frenar el aumento de esa actividad criminal. Se sugirieron muchos métodos para rastrear niños que se escapaban de casa o que eran víctimas de secuestros.

Uno de esos métodos fue el Kiddie Alert, un transmisor que se ajustaba a la ropa de un niño y activaba una alarma si este se alejaba más de la distancia prefijada (hasta setenta metros). La alarma también sonaba si el transmisor se sumergía en algún líquido o se desprendía de la ropa.[3] Era eficaz mas no infalible. Tanto para el criminal como para los padres era fácil amortiguar o apagar el sonido de la alarma.

Un sistema de seguridad se desarrolló para recién nacidos:

> Se usan para detectar ladrones en almacenes. Algunos hospitales utilizan ahora dispositivos electrónicos de seguridad para proteger sus artículos más preciosos: los recién nacidos. Cada vez más bebés salen a sus casas usando brazaletes sensores debido a la preocupación por protegerlos del secuestro.[4]

Este es un plan ingenioso que podría aliviar un poco el problema, pero si alguien intenta agarrar un recién nacido del ambiente relativamente seguro del hospital lo más probable es que esté consciente de las medidas de seguridad y quizás desactive o quite el dispositivo.

A pesar de estas ideas ingeniosas, la mayoría de tecnócratas vislumbran el uso de implantes como la solución definitiva. Este es el más seguro de todos los planes sugeridos hasta la fecha. Un cirujano plástico de la Florida fue uno de los primeros en hacer esta propuesta:

> Un diminuto dispositivo buscador implantado detrás de la oreja ayudará a los padres a localizar sus hijos perdidos, dice un cirujano plástico que desarrolló el aparato que utiliza la misma tecnología que llevó a los teléfonos celulares. El doctor Daniel Mann,

---

3. *Omega-Letter*, marzo de 1988.
4. *Buffalo News*, 19 de marzo de 1991.

su creador, dice que el dispositivo, que emite señales electrónicas, podría también ayudar a los funcionarios de la ley a rastrear personas en libertad condicional y ayudar en la búsqueda de víctimas de la enfermedad de Alzheimer que se han extraviado. La industria privada y los organismos oficiales han expresado interés en el minirrastreador, que mide menos de tres centímetros. Mann fue premiado con una patente ... para el dispositivo, el que funcionaría en un sistema de energía electrónica. El aparato emite una señal que se podría seguir mediante un sistema celular o tal vez por satélite. La reacción ha sido en general muy positiva.[5]

Aunque posiblemente podría servir como solución a uno de los problemas que más presionan nuestra sociedad, los creadores reconocen que «este dispositivo sería sin duda la máxima invasión de la privacidad, porque las autoridades podrían encontrarlo a usted en el momento que quieran».[6]

Sin embargo, argumentan que esta desventaja se debería comparar con el gran beneficio: El bienestar de nuestros hijos. Este es un argumento tan poderoso que está abriendo la puerta al incremento y uso masivo de esta tecnología de mal augurio.

De vuelta a la juventud

Una cosa sería si los niños en peligro fueran el único grupo que se considerara para tales implantes, sin embargo hoy día muchas voces en diferentes campos claman por implantes en multitud de sectores de la población.

Una estrategia de implantes, por ejemplo, podría mantener mejor la vigilancia en las víctimas de la enfermedad de

5. *Omega-Letter*, marzo de 1988.
6. *Íbid*.

Alzheimer que pierden a menudo la orientación de los alrededores y caminan sin rumbo fijo. Nuestra estación local de radio transmite a menudo boletines de noticias en los que pide a los escuchas que busquen «un hombre vestido con chaqueta blanca, pantalón azul de pijama y pantuflas verdes». Nos duele el corazón cada vez que lo escuchamos. Por desgracia muchos mueren de frío antes de que se les localice. Se estima que hay más de setenta y cinco mil trotamundos crónicos solo en los Estados Unidos.[7]

A solicitud de cinco organismos federales asociados con los problemas de la vejez, el Instituto Triángulo de Investigación, de Carolina del Norte, está estudiando la eficacia de adherir pequeños transmisores a los trotamundos crónicos.[8]

El personal de cámara de «Esta semana en la profecía bíblica» visitó hace poco un hogar de ancianos con el fin de ver cómo tratan los encargados con este problema. Como en muchas otras instalaciones para ancianos, descubrimos que a los residentes se les coloca en la muñeca o el tobillo un brazalete que activa una alarma cuando se extravían. Es dudoso que alguien propusiera implantes solo para este propósito, pero si tales implantes se utilizaran por otras razones, seguramente este sería un uso adicional.

Mejor seguridad carcelaria

Nuestra sociedad está plagada de prisiones atestadas. Una solución novedosa a este problema es un programa que mantenga a los prisioneros no violentos en una prisión dentro de su propia casa. Estos programas de traíllas electrónicas

---

7. *Omni*, marzo de 1987.
8. Peter Lalonde, *One World Under Antichrist*, Harvest House Publishers, Eugene, OR, 1991, p. 242.

se mueven bajo los mismos principios del sistema que se utiliza para mantener a los niños dentro de la seguridad del hogar.

Al prisionero se le ajusta un brazalete electrónico irremovible y en la casa se coloca una unidad base. Si el prisionero (y el brazalete electrónico) se salen de los límites establecidos, la unidad base llama a la policía. Muchos prisioneros cumplen ahora sus sentencias en casa bajo tales programas, descritos como «prisión de barras electrónicas» o «traílla electrónica». Los movimientos de los prisioneros se vigilan electrónicamente por impulsos que emite un transmisor en el brazalete, el cual alerta a la policía si el criminal se sale de los límites fijados.

Al momento de escribir este libro, al doctor Jack Kevorkian, llamado el médico de la muerte, se le ha liberado de su custodia pero tiene un brazalete electrónico adherido a la pierna para tener la seguridad de que no abandone su casa y colabore con más suicidios.

El propósito primordial de las traíllas electrónicas nunca fue la reducción del crimen, como a menudo se sugiere erróneamente. Se están analizando estos dispositivos de vigilancia como medios para reducir las condiciones de atiborramiento en las prisiones. Sin embargo, todavía existen algunos inconvenientes en el sistema. No se puede rastrear al prisionero una vez que sale, legal o ilegalmente, del área vigilada. He aquí un buen ejemplo de un periódico de Michigan:

> Las autoridades dicen que un hombre que cometió aproximadamente noventa infracciones mientras cumplía una sentencia con una cadena electrónica enfrenta cargos por tres de ellas en que se declaró culpable.

> Las infracciones ocurrieron los fines de semana en que el prisionero, enganchado a una cadena electrónica por una sentencia anterior, tomó cinco

horas todos los días para su uso personal, dijeron las autoridades.[9]

Según J.B. Vaughn, un profesor de justicia criminal en la Universidad Central de Misouri, el sistema en realidad no es infalible, pero ayuda a reducir las condiciones de atiborramiento en las prisiones y su práctica aumenta cada año. Mientras preparaba un informe para el departamento de justicia estadounidense, el profesor Vaughn observó que los programas de vigilancia electrónica crecen rápidamente. El número de prisioneros a quienes se vigila con tales dispositivos aumentó de solo noventa y cinco en 1986 a casi 65.650 en 1993.[10]

Al uso de estos dispositivos se les denominó como soluciones casi perfectas a situaciones casi imposibles de manejar. Por desgracia, se han pasado por alto algunas graves preocupaciones (más adelante hablaremos más sobre el tema). La extensión de tal sistema de lectura de microprocesadores implantados sería también una gran ventaja para oficiales de policía en patrullas. Se tendría al instante la información vital acerca del sospechoso que han arrestado y de esta manera podrían tomar las precauciones necesarias.

Bien, amigo, suelte el arma

Protestas enérgicas vienen detrás del aumento en el crimen. Según un informe en *USA Today*, «una tarjeta electrónica personal que todo ciudadano portaría es solo una idea controversial que tiene el Departamento de Justicia para alejar las armas de manos criminales».[11] El Departamento de Justicia también ha sugerido que las tiendas que venden armas deben instalar examinadores de huellas de elevada tecnología.

9. Original de Prensa Asociada, 19 de julio de 1987.
10. Gannett News, *Omega-Letter*.
11. *USA Today*, 28 de junio de 1989.

La libertad personal y la privacidad individual se encuentran en el centro de esta controversia tecnológica.

Los implantes, que pueden acumular toda clase de información imaginable acerca del portador, podrían brindar una cordial solución a la lucha entre el grupo de presión de las armas y los organismos policiales que abogan por un período de espera antes de que se le permita a alguien comprar una pistola.

Con la historia completa de la persona siempre disponible, incluyendo los archivos criminales, los comerciantes en armas podrían verificar de inmediato las inspecciones de seguridad requeridas por la policía. Esto eliminaría el período de espera, al cual se oponen ardientemente los grupos de presión. Por supuesto, es improbable que esta tecnología establezca la disputa del control de armas. Sin embargo, podría llevar a tomar medidas de control de armas que ni aun la Asociación Nacional del Rifle (el mayor grupo de presión en armas) consideraría una violación de las libertades personales.

La libertad personal y la privacidad individual se encuentran en el centro de esta controversia tecnológica. La Unión Estadounidense de Libertades Civiles es un vigoroso y extremo defensor de la libertad y privacidad personal. Pero incluso uno de sus representantes de la Florida, al hablar sobre esta tecnología de implantes, dijo que él no se preocuparía de tal dispositivo mientras las personas acepten que se les implante. Sin embargo, advirtió: «Alguien podría abusar».[12]

12. Prensa Asociada, julio 19 de 1987.

Mejor acceso a los archivos médicos

¿Qué pasaría si llevaran de urgencia a su hijo al hospital y usted no estuviera allí para aprobar el tratamiento?

El Equipo de Placas es un programa de seguro y salud para niños; utiliza placas de lámina que los niños portan adheridas a los cordones de los zapatos o al cuello y tarjetas que se llevan en una billetera o se dejan en poder de un cuidador. Las placas y las tarjetas contienen la historia médica y la identificación del niño reducidas en una micropelícula. En esta se encuentra la información sobre cómo hacer contacto inmediato con los padres, familiares, médicos de la familia, etc. También hay un consentimiento opcional que los padres firman para autorizar tratamiento médico de emergencia.[13]

Cuando ocurren accidentes o enfermedades súbitas y la víctima no se puede comunicar, no siempre es fácil o posible localizar una tarjeta médica. Una tarjeta fácilmente localizable podría contener información vital necesaria para el personal médico de emergencia. La información vital más probable en la tarjeta incluiría reacciones alérgicas a determinadas medicinas y condiciones existentes que podrían descartar ciertas clases de tratamiento.

Un buen caso en favor de los implantes se puede hacer en situaciones en que cada segundo cuenta. Los técnicos en emergencia no tendrían que buscar la tarjeta médica en una billetera, un bolso u otro sitio. Los problemas no se agravarían porque alguien haya dejado la tarjeta en casa.

Toda ambulancia, patrulla de policía o vehículo de emergencia estaría equipado con rastreadores manuales que podrían leer de inmediato el implante. Esto no solo ayudaría a

---

13. Literatura promocional de RMI Regional Marketing.

los profesionales en el sitio sino que la información se transmitiría al médico residente en el hospital más cercano.

Tener conocimiento de la historia médica completa de la víctima, antes de que llegue a la sala de emergencia, podría ayudar en el diagnóstico de lesiones y en el mejor método de tratamiento. Podría significar la diferencia entre la vida y la muerte.

¡Por su misma naturaleza, un sistema construido para examinar a todos los animales del mundo es una prueba de facto para un sistema capaz de hacer lo mismo con personas!

Hasta este momento hemos discutido solamente los asuntos sociales que se podrían tratar al utilizar la tecnología de implantes. Sin embargo, ¿sabía usted que la tecnología de implantes ya se está probando y usando en el reino animal?

Pruebas de implantes en el laboratorio: ese es su laboratorio negro

Los experimentos que han tenido éxito con animales han impulsado el implante de micropastillas a la cima de la lista de verificadores electrónicos de identidad. Veamos cómo ha tenido éxito el procedimiento al usarlo en animales.

Los kois, miembros exóticos de la familia de los peces carpas, valorados entre cien y tres mil dólares cada uno, estaban desapareciendo de una laguna pública en California. Se puso en acción un método para atrapar al ladrón cuando se determinó que, efectivamente, se estaban robando los peces descartándose que se los estuvieran comiendo las garzas o los mapaches. La policía creía saber quién era el ladrón (había una laguna de kois en su propiedad), pero necesitaba pruebas de sus actividades de robo.

«Entonces un veterinario implantó circuitos integrados de computadora del tamaño de un grano de arroz en la panza de los peces. Las carpas se podían identificar por señales transmitidas desde los circuitos a una varilla electrónica», dijo H.L. Stoddard de Dispositivos de Identificación Veterinaria.[14]

Una visita a la laguna del ladrón con la varilla electrónica solucionó el problema en el acto. Pero tales usos son solamente la punta del iceberg. Cuando los aficionados a los gatos expresaron su preocupación acerca del peligro de las placas de identificación para sus mascotas, los innovadores tuvieron una solución a la mano.

Si usted no permite que su gato use un collar de identificación debido a la posibilidad de que se quede engarzado en algo y el gato se ahorque, quizás le interese este nuevo método de la empresa Dispositivos de Identificación ... Es una micropastilla superdelgada que un veterinario inyectará bajo la piel del gato.

La micropastilla emite un código combinado de letras o números (son posibles casi treinta y cuatro mil millones), que se asigna exclusivamente a ese gato ... Los inventores creen que el amplio uso de esta técnica de identificación permanente podría ayudar a salvar algunos miles de animales, que se deben sacrificar en los refugios ante la imposibilidad de localizar a sus propietarios.[15]

14. Prensa Asociada, tal como fue citado en *Omega-Letter*, marzo de 1988.
15. Revista *Cat Fancy*, octubre de 1984.

Al mismo tiempo, los defensores de los derechos de los animales deberían estar agradecidos con el siguiente adelanto humanitario en la tecnología:

La marca del ganado al rojo vivo en Canadá podría en poco tiempo dar paso a un sistema en frío de identificación electrónica.

Anitech Enterprises Inc. of Markham dijo que el ministerio de agricultura de Canadá había aprobado la presentación comercial de la tecnología electrónica implantable en el ganado, que fabrica la compañía.

La aprobación se basó en los resultados del rastreo de campo combinado y llevado a cabo el año pasado por la compañía y la asociación Holstein de Canadá, dijo Anitech en un informe noticioso.

Con la venia del gobierno, Anitech dijo que está en capacidad de empezar su programa electrónico de identificación en las lecherías canadienses.[16]

Canadá no es la excepción. La comisión ejecutiva de la Comunidad Económica Europea ha pasado una legislación que exige la implantación de micropastillas en todo el ganado perteneciente a los ganaderos de la Comunidad. A las mascotas caseras también se les identifica electrónicamente por implantes y los laboratorios de animales no pasan por alto la oportunidad. Sistemas Bio Medic Data es un proveedor de esta clase de servicio:

Nadie conoce mejor que nosotros la identificación animal. Nuestro exclusivo sistema electrónico de vigilancia animal por laboratorio (ELAMS por sus siglas en inglés) utiliza un transmisor/receptor

16. *Toronto Star*, 16 de diciembre de 1991.

implantado y una tecnología avanzada en microprocesadores. Este puede enlazar cualquier animal a una base de datos computarizada y permite individualizarlo al usar su número de estudio. Reemplaza de manera sencilla la complejidad e inexactitud de la perforación de cascos, la colocación de placas en las orejas o los tatuajes con un método infalible, rápido y económico de identificación positiva.[17]

Las micropastillas han reemplazado las placas de perros en Colorado Springs y en muchas otras ciudades de los Estados Unidos. Por cuarenta y cinco dólares la Sociedad Humanitaria implanta el circuito integrado bajo la piel del cuello. Si el perrero lo atrapa, utilizará una varilla electrónica de rastreo que leerá el circuito e identificará al propietario.[18]

De ahora en adelante la identificación de mascotas por los refugios del condado será *tan fácil como leer una etiqueta de precios en el supermercado.*

Hector Cazares, director del Departamento de Control de Animales, dijo hace poco que a todas las mascotas adoptadas de los refugios ... se les implantará un sistema de identificación electrónica.

Una micropastilla transmisor/receptor del tamaño de un grano de arroz se inyecta debajo de la piel de la mascota, por lo general en la nuca. Un rastreador electrónico toma la señal de la misma, la que transmite un número de identificación que se usa para ver *los datos de la mascota: nombre, dueño, fecha de nacimiento, registros médicos y otros detalles contenidos en una base de datos de computadora.*[19]

---

17. Anuncio en *American Biotechnology Laboratory*, junio de 1991.
18. Citado en *Omega-Letter*, febrero de 1987.
19. Oceanside *Blade Citizen*, 18 de septiembre de 1993.

Esta tecnología de rastreo no es opcional en algunas partes del mundo. En España, el Hermano Mayor vigila las mascotas.

Ahora los perros y gatos en las grandes ciudades españolas deben sufrir la implantación de micropastillas para facilitar a las autoridades la reunión de mascotas perdidas con sus dueños y para localizar a quienes prefieren abandonar sus animales antes que pagar a alguien que los cuide.

Cuatro de las diecisiete regiones de España exigen hoy día a los propietarios de perros y gatos que identifiquen sus mascotas con los circuitos integrados o tatuajes. Esta es aparentemente la única ley de esa clase en Europa occidental o en Estados Unidos.

«El verdadero propósito no es solo hacerlo en la nación sino también en toda Europa y después en todo el universo», dijo el doctor William Hutchinson, un veterinario escocés que trabaja en Madrid (énfasis añadido).[20]

No debería escapar a nuestra atención el paso natural que va de la participación bien intencionada y voluntaria a la conformidad obligatoria. Pero aquí hay algo aún más importante.

Somos testigos del desarrollo de un sistema basado en micropastillas, capaz de rastrear todo animal en el planeta. Por su misma naturaleza, ¡un sistema diseñado para vigilar a todos los animales del mundo es de hecho una prueba para un sistema capaz de hacer lo mismo con personas!

Es más, la empresa Dispositivos de Identificación, líder en el campo, clarificó hace poco el alcance de sus planes en un folleto publicitario:

20. *Allentown Morning Call*, 10 de julio de 1993.

Imagine que usted hiciera una lista de los adelantos técnicos que están reestructurando rápidamente la manera en que vivimos: microminiaturización de componentes electrónicos, sistemas procesadores de datos de alta velocidad, nuevas y poderosas técnicas de programación de computadoras y dispositivos sumamente complicados de telecomunicación ... Considere luego cómo se podrían emplear esas innovaciones para solucionar el antiguo problema de identificar de manera positiva a *personas*, animales y equipos (énfasis añadido).[21]

En la mano derecha o en la frente

Digámoslo claramente. Lo que hemos descrito *no* es la marca de la bestia; sin embargo, *es* una prueba formidable de la exactitud de la Palabra de Dios. Somos testigos, casi dos mil años después de que se pronunciara la profecía, del nacimiento de una sociedad sin dinero y de la extensión cada vez mayor en todo el mundo del uso de micropastillas implantadas para rastrear animales, un probable precursor del sistema mundial del anticristo para controlar *personas*.

Una cosa es segura. Por primera vez en la historia, existe la tecnología para facilitar el cumplimiento de esta increíble profecía. Dirijamos ahora nuestra atención a otro aspecto de esta profecía, que empieza con las palabras «y hacía que...»

---

21. Literatura promocional PETNET.

6

¡Si usted no está paranoico, no está prestando suficiente atención!

El cantante cristiano Dan Smith compuso un cántico llamado «El radar de Dios está fijo en ti». Consuela a los cristianos saber que Dios no solo sabe quienes somos sino también donde estamos y por qué situación estamos pasando.

Sin embargo, debería causarnos preocupación una fuente similar de capacidad no tan benevolente. Como veremos, ya se desarrolló el equipo para rastrear a todas las personas en el planeta y vigilar la mayoría de sus actividades. ¡Más escalofriante aún es que gran parte de ese equipo ya está en funcionamiento!

Revisemos lo aprendido antes de analizar esos sistemas de rastreo. Sabemos que si utilizamos una tarjeta plástica, como la de crédito, tendremos a fin de mes un informe de cuánto dinero debemos a la compañía de tarjetas. Pero hay algo más que eso. Para verificar los cobros, el informe enumera toda compra que hemos realizado y el lugar donde la hicimos. Debido a esta tecnología se ha descubierto más de una compra secreta de palos de golf que hiciera un esposo.

Ya se desarrolló el equipo para rastrear a toda persona en la tierra y vigilar la mayor parte de sus actividades.

Aun hoy, si usamos nuestra tarjeta en toda compra que hagamos durante un mes, la compañía financiera puede reproducir todos los lugares a donde fuimos y cuando estuvimos allí. En una sociedad sin dinero donde usted puede hacer únicamente transacciones electrónicas, tal capacidad de rastreo se incrementará de manera dramática.

Añada a lo anterior algunos de los artículos discutidos en otras partes de este libro y considere lo que todo esto podría significar para alguien como un viajero internacional. Los viajes de negocios entre países aumentan enormemente a medida que se abre la comunidad global. Para acelerar el procedimiento se han desarrollado torniquetes de aduanas. El atareado viajero solo debe insertar su tarjeta electrónica en el terminal y dejar que el dispositivo electrónico haga una rápida lectura de su huella digital para verificar la identidad personal. En un abrir y cerrar de ojos se ha librado de la aduana y ha llenado otro espacio en su libro de actividades que lleva la base de datos.

Ahora la imagen se clarifica un poco. En una sociedad electrónica, todo bit de información se captura y se almacena en una gigantesca base de datos. Mientras una compra en dinero efectivo no se puede rastrear, una compra electrónica se registra para siempre. El potencial de abuso es asombroso.

Toda transacción con tarjeta de crédito proyecta una sombra. Así ocurre con todo ingreso a sitios seguros de trabajo o almacenes, con toda solicitud de seguro médico, con toda llamada a un servicio sexual por teléfono, con toda selección a películas por cable o con todo movimiento de un teléfono celular.

A esto se le denomina sombra de datos, esta crece a medida que las bases de datos de las computadoras registran cada vez más nuestras actividades diarias. La imagen revela quiénes somos, a dónde vamos, con quién nos encontramos, qué hacemos y cuándo; algo así como un ego alterado necesario para obtener crédito, recibir beneficios del bienestar social, votar, conseguir un empleo o cruzar la frontera sin complicaciones.

El pueblo globalizado crece rápidamente bajo la vigilancia de la ciudad.[1]

Según el comisionado a la privacidad canadiense Bruce Phillips, a pesar de estos peligros increíbles, la sociedad ha caído en un «trance tecnológico». ¡Declaró en su último informe que cualquier información está a la venta al mejor postor! En una conferencia reciente de «Esta semana en la profecía bíblica», una notaría nos obsequió un número de su revista profesional a nivel nacional: *The National Notary*. La revista afirma que no hay motivos para temer lo que hemos escuchado: «Los argumentos que elevan el clamor de "invasión a la privacidad" son anticuados y casi muestran a sus

1. Toronto *Globe*, 14 de agosto de 1993.

más firmes defensores como si se hubieran estancado en el siglo pasado».[2]

A pesar de esta falta de preocupación, la advertencia bíblica es clarísima. No debemos olvidar que la profecía concerniente a la marca de la bestia empieza con las palabras: «Y hacía que a todos». Si usted piensa *hacer que* alguien haga algo, esa persona debe estar bajo amenaza.

Esto es lo que la Biblia intenta decirnos acerca del sistema del anticristo. Aunque sea atractivo para casi todo el mundo, quienes no se sometan serán excluidos de manera sistemática de casi toda actividad. Prácticamente no habrá manera de subsistir fuera del sistema.

De modo que, ¿cuán lejos hemos llegado? Respondamos con la descripción de algunas de las tecnologías a la vanguardia en el día de hoy. Luego juzgue por sí mismo. Mientras bosquejamos algunos de esos sistemas, observe las razones bondadosas y atractivas que se dan para su presentación. Casi le hacen olvidar que el precio de estos tremendos adelantos es su misma libertad.

Los cazadores de recompensas promueven el rastreo electrónico

El robo de automóviles se ha incrementado en casi un quince por ciento al año durante los últimos diez años y ahora es un próspero negocio de ocho mil millones de dólares al año. La policía dice que el ochenta por ciento de los robos de vehículos los ejecutan ladrones profesionales y no principiantes o quienes solo quieren dar una vuelta.[3]

Los sistemas de rastreo ya están disponibles y los ofrecen los organismos policiales como verdaderas armas disuasivas en la batalla contra el robo de autos. Al menos dos empresas, Teletrak y LoJack, construyen hoy día estos dispositivos

---

2. *National Notary*, noviembre de 1993.
3. *USA Today*, 1 de octubre de 1993.

antirrobo. Cuestan entre $500 y $900 instalados, pero tanto la policía como las aseguradoras y los propietarios de los vehículos aseguran que los vale. Ambas empresas dicen que recuperan casi el noventa y cinco por ciento de los autos robados que están equipados con los sistemas.[4]

Esta es la manera en que funcionan estos sistemas localizadores: Se esconde en el vehículo un transmisor del tamaño de un videocasete o de un borrador de pizarra. Con el sistema Teletrak, cuando un ladrón enciende el auto sin desactivar el sistema, la unidad empieza a enviar una señal que se rastrea en un mapa electrónico. El sistema LoJack, por otra parte, lo debe activar el propietario una vez que se dé cuenta de que han robado el auto. De cualquier modo, ahora la policía puede seguir electrónicamente al auto robado.

Vehículo 54, ¿dónde se encuentra?

Estos sistemas de localización de vehículos no se encuentran en todas partes, pero parece que todos están agradecidos con los resultados donde se han puesto en práctica. Un representante de LoJack dijo que de doscientos mil autos equipados con el sistema, se robaron cuatro mil quinientos y se recuperaron noventa y cinco por ciento de ellos.

Un dispositivo similar se desarrolló en Francia para uso en todo el país. Un periodista de *The European* nos habló del sistema:

> El dispositivo de rastreo tipo James Bond, que consternó a las víctimas de robos de autos y con el que siempre han soñado, ahora puede ser suyo. Un circuito integrado de computadora disponible para que los motoristas franceses los instalen en sus autos alertará a la policía de su ubicación en cualquier parte

4. *Íbid.*

del país, aunque tenga la desgracia de estar conduciendo ilegalmente.

El dispositivo es una revolución en la guerra contra el robo de autos, que ha llegado a niveles de epidemia en toda Europa ... Cuando se activa el sistema, un cable trampa electrónico se extiende a todo lo largo y ancho de Francia, posibilitando la vigilancia en un centro de control que establece la posición del vehículo cuando atraviesa su rayo. Los patrocinadores del sistema dicen que con el tiempo no habrá razón para que la red no se extienda a todo el continente.[5]

Un proyecto de mal augurio

Arno Froese de Ministerios de Llamadas de Medianoche, a quien citamos anteriormente, resalta la clara conexión de estas pruebas con los acontecimientos de los últimos tiempos.

Durante 1991, solo en Francia fueron robados más de doscientos setenta mil autos. Será bienvenido cualquier dispositivo que disuada a los ladrones. Por supuesto, el efecto será bueno solo hasta que el ladrón encuentre el circuito integrado de computadora y lo retire. Sin embargo, los inventores no cesarán de crear el dispositivo imperceptible que no se pueda remover. Por lo tanto, nuestros pensamientos se dirigen a la época en que el hombre estará bajo el dominio de la bestia electrónica. Esta hará cumplir la profecía de Apocalipsis 13.17: «Que ninguno pudiese comprar ni

5. *The European*, 6 de febrero de 1992.

vender, sino el que tuviese la marca o el nombre de la bestia, o el número de su nombre».[6]

Pero jefe, el vago es José

¿Qué otros usos se promueven para estos dispositivos de rastreo? Una compañía inglesa desarrolló una chapa de identificación enganchada a un microcomputador que facilita la localización de empleados que deben ir de sitio en sitio en un gran complejo de oficinas. También se prueba en hospitales para mantener el contacto continuo entre pacientes y médicos.

Leonard Sloane, periodista del *New York Times*, muestra este ejemplo de mal agüero en su historia sobre la chapa inteligente:

Está en camino otra herramienta que «les» permite «vigilarnos» dónde y con quién estemos. Esta chapa activa es un microcomputador de casi el tamaño de una tarjeta de identificación de empleados, que transmite señales a un sistema central. El sistema puede rastrear sus movimientos en un edificio o incluso en un área mayor, mientras usted utiliza la chapa.[7]

Los científicos descubrieron que se puede obtener información continua de la ubicación de una persona, si esta usa una chapa que cada quince segundos emite un código de identificación a una red de sensores de pared en un edificio.

Sistemas de posición global

Por supuesto, las tecnologías modernas hacen que el rastreo de personas en un hospital parezca insignificante. Por

6. Midnight Call, mayo de 1992.
7. Citado en *St. Petersburg Times*, 23 de septiembre de 1992.

ejemplo, el Sistema de Posición Global (GPS por sus siglas en inglés) fue presentado al mundo durante la cobertura día y noche de la Guerra del Golfo en 1991. Los soldados cargaban pequeñas unidades computarizadas de mano, cuya ubicación exacta era seguida por satélites elevados sobre el desierto. Los satélites en esta red de alta tecnología permitieron a las fuerzas de los Estados Unidos, encontrar el camino correcto a través de dunas irreconocibles para llegar al destino prescrito. La revista *The Economist* discutió el éxito de este sistema:

> Al ver su éxito, las fuerzas estadounidenses afanosamente equiparon todo con sistemas GPS, desde los acorazados hasta los misiles de crucero. La tecnología podría tener tantas aplicaciones en la paz como en la guerra, o aun más.[8]

Nuevas compañías de alta tecnología, conjuntamente con firmas tradicionales, están buscando mercados civiles para este sistema exclusivo. Existe un enorme mercado potencial para las máquinas con la capacidad de decir con exactitud y en cualquier momento, dónde está una persona o cosa.

El artículo de *The Economist* dijo que Sony inventó un dispositivo manual que cuesta unos pocos centenares de dólares, el cual permitirá al usuario decir su latitud y longitud exactas dentro de cientos de metros. Panasonic desarrolló otro de mayor precio ($1,195), pero con mucha más exactitud. Al encadenar la computadora al satélite, el dispositivo puede señalar la posición del usuario en tres metros.[9]

Más inteligencia militar

Los militares han estado por mucho tiempo en la vanguardia de tal tecnología de rastreo. Para acelerar el procesamiento

8. *The Economist*, 24 de agosto de 1991.
9. Citado en *Gazette* de Cedar Rapids, 10 de enero de 1993.

de personal y suministros, por ejemplo, el Departamento de Defensa de EE.UU. ha ligado códigos de barras y tarjetas electrónicas con computadoras personales y lectores portátiles.

El sistema acelera enormemente la movilización al usar tarjetas electrónicas para identificar claves de personal y códigos de barras para identificar cargamento crítico. La Fuerza Aérea descubrió que el Sistema Automatizado para Procesar la Movilidad (AMPS, por sus siglas en inglés) no solo ahorra tiempo sino también dólares. Los mensajes de llamamiento de tropas, que tardaban cinco horas y media en prepararse, tardan ahora dieciséis minutos con AMPS. Los costos por persona bajaron de sesenta y nueve dólares a solo tres.[10] Estos impresionantes resultados son posibles al localizar la ubicación exacta de hombres y equipo en cualquier momento durante un rápido despliegue. John Dunbar, un periodista del *Fairborne Daily Herald*, describió cómo funciona el sistema después que fuera testigo de una demostración en la base de la Fuerza Aérea Wright-Patterson en Ohio:

> La demostración del jueves se hizo bajo la suposición de que una unidad de ingeniería civil en el extranjero necesitaba una reparación rápida de la pista. En este caso, el escenario era la unidad que se debía enviar a Alemania, aunque el mismo sistema se utilizaría para un despliegue hacia Arabia Saudita.
>
> La unidad de ciento veinticinco miembros se despachó a la base del centro de procesamiento de movilidad y los miembros se inscribieron mediante el uso de tarjetas individuales que se podían leer con computadoras de mano, muy parecido al lector de códigos de barras en la tienda de víveres.

10. Literatura promocional de Applied Systems Institute, Inc.

La computadora compara a un soldado con la lista de personal que se debe informar para la partida. Un segundo lector de tarjeta revisa entonces la inmunización del soldado. La aplicación final del sistema ocurre cuando un soldado en realidad aborda un avión para el despegue. Su tarjeta sirve como pase de abordar y para revisar la inspección de la unidad.[11]

Este gran éxito del programa piloto significa tal vez que en poco tiempo las unidades de todas las organizaciones militares estarán utilizando los sistemas AMPS. ¡En última instancia significa que el gobierno de EE.UU. disfrutará la confirmación electrónica constante de la ubicación de cada persona en la fuerzas armadas!

A veces pienso que el auto conoce el camino al campo de golf

Mucho de lo que hemos descrito no afecta de inmediato al hombre o mujer común y corriente. Por lo tanto, ¿por qué se debería preocupar alguien?

He aquí por qué: Es inevitable que una porción importante de la población se involucre pronto con uno de estos sistemas. Tal vez los más fascinantes, y más lógicos para realizar una rápida y amplia implementación, son los sistemas «inteligentes» de viaje.

Los viajeros no tendrán que tratar de recordar direcciones o escribirlas en pedazos de papel. Las contiendas familiares que echan a perder muchas vacaciones (porque no se piden instrucciones al verse perdidos) serán cosa del pasado cuando los autos sean equipados con el novedoso sistema de navegación TravTec.

Este sistema todavía es experimental, pero quizás sea universal en unos pocos años. Los autos «inteligentes» están

11. *Fairborne Daily Herald* (OH), 11 de enero de 1991.

equipados con un microcomputador y una pantalla de video a colores que muestra mapas de navegación e información sobre áreas de atracciones, hoteles, restaurantes y eventos especiales. Un periodista describió su experiencia con esta clase de autos:

> Pudo haber sido una escena de la tira cómica Los Supersónicos. Cuando los pasajeros subieron al Olds-mobile Toronado, el destino se había programado en la computadora del vehículo.

El conductor arrancó desde el bordillo. Un poco más adelante la computadora del auto anunció: «Gire a la izquierda en la calle Landerson». No había manera de perderse mientras el conductor siguiera las instrucciones del vehículo. La computadora del auto tenía la ruta determinada.[12]

Se calcula que cuando este dispositivo esté a disposición del público, costará menos de mil dólares. La Asociación Estadounidense del Automóvil, la General Motors y la Administración Federal de Autopistas se unieron para crear el sistema TravTec.

Tan interesante como es, este solo es el principio. Se han desarrollado sistemas para mejorar el flujo de tráfico en áreas metropolitanas y cobrar peajes de viajeros cotidianos sin que deban disminuir la velocidad (mucho menos detenerse) en el congestionado tráfico de las casetas de peaje.

La ciudad de Nueva York, por ejemplo, ha considerado el cobro de peajes en todos los puentes que atraviesan los ríos Oriente y Harlem dentro de Manhattan. La principal razón para dudar es el embotellamiento de pesadilla que resultaría en el tráfico. Los opositores también han citado el aumento en las concentraciones de contaminación vehicular.[13]

---

12. *Union Leader*, 12 de noviembre de 1992.
13. *New York Times*, 18 de agosto de 1991.

La tecnología podría dar otra vez una solución al dilema. Los examinadores electrónicos que leen placas de peaje montadas en los parabrisas, mientras los autos pasan zumbando, eliminarían las principales quejas no monetarias acerca de los peajes propuestos.

Ya existen los sistemas examinadores que pueden leer datos en una micropastilla, mientras esta pasa a través de un rayo lector hasta a ciento sesenta kilómetros por hora. Cuando un vehículo equipado con el circuito integrado pasa por el puesto de cobro, el examinador lo lee y automáticamente deduce el valor del peaje de la cuenta del dueño. Tal sistema no solo aceleraría la recaudación de peajes sino que reduciría costos y contaminación, aumentaría la seguridad (al eliminar muchas paradas en las autopistas con peajes y reducir riesgos en conductores que a tientas buscan dinero en los bolsillos) y mejoraría la eficacia en los puntos de recaudación.

Querida, la semana pasada te dije que estabas manejando muy rápido

Como beneficio adicional, los sistemas podrían aumentar los ingresos de otra manera. Los examinadores pueden vigilar la velocidad en un vehículo, activar un proceso de expedición y citación y recaudar multas de tráfico. Ya existen muchos sitios de prueba en los Estados Unidos y usted podría recibir una multa de tráfico por correo.

Hay también innumerables pruebas que se realizan y consisten en que cuando usted atraviesa el sistema, este puede leer la micropastilla colocada en su tarjeta electrónica sin que la saque de su billetera. El sistema sencillamente ingresa a su tarjeta por frecuencia de radio, confirma que usted está autorizado a pasar por el mecanismo de seguridad, registra su entrada y se mueve hacia la siguiente persona. Usted ni siquiera se da cuenta de lo que ha sucedido.

En el futurista mundo de implantes, usted no necesitaría una micropastilla en su parabrisas. Su sistema personal se podría activar con facilidad mientras pasa por un peaje. No sería necesario agregar un equipo adicional al vehículo para que el sistema funcione. Asombroso, ¿verdad?

Autopistas con coeficiente intelectual más alto que el de algunos conductores

AT&T llegó a un acuerdo con Lockheed para desarrollar Sistemas Inteligentes para Vehículos en Autopistas (IVHS, por sus siglas en inglés), que tal vez sea un negocio de doscientos mil millones de dólares en los próximos veinte años solo en los Estados Unidos.[14] El catalizador para esta atrevida empresa fueron las estadísticas de la Oficina General de Contabilidad que calcula en dos mil millones de galones al año las pérdidas por congestiones de tráfico y en casi cien millones de dólares las pérdidas en productividad.

Usted entra a su auto el lunes en la mañana para hacer su viaje diario al trabajo. Prende el motor y se ilumina un videomapa que le muestra la ruta más rápida. Mientras se mueve en las calles suburbanas hacia la autopista, una voz de computadora le avisa: «Permanezca en este carril y prepárese para tomar la segunda calle de la derecha. Continúe a noventa kilómetros por hora. Tome la autopista e incorpórese con cuidado en el flujo vehicular». Mire por la ventanilla, *usted no los puede ver, pero tiene plena confianza en que los sensores a lo largo de la autopista lo mantendrán a una distancia segura de los autos que van por delante y por detrás.* Usted maneja con facilidad, y sin detenerse, por los carriles de peaje especialmente diseñados para la identificación vehicular, puesto que los costos se procesan automáticamente para que pueda pagar por correo.[15]

14. *Card Technology Today*, julio/agosto de 1992.
15. *Sky Magazine*, marzo de 1991.

Alan Smith, vicepresidente ejecutivo de GM, observa que esa tecnología no es lo importante: «Mientras probamos los sistemas técnicos nos interesa en particular el factor humano del proyecto. Queremos ver cómo reaccionan los clientes y cómo utilizan el equipo».[16]

Los proyectos de autopistas inteligentes en EE.UU. pueden ser dignos de admiración; sin embargo, son minúsculos en comparación con los de Japón y Europa. En Japón, un sistema de navegación instalado en vehículos se está ensayando en un estudio piloto con base en Tokio y patrocinado por el gobierno japonés, juntamente con cincuenta empresas automotrices y electrónicas. En una pantalla de computadora cerca del asiento del chofer aparece un mapa de Tokio a todo color. Al presionar un botón, el teleobjetivo acerca la imagen hasta cubrir un área elegida y un triángulo amarillo rastrea los movimientos del auto en el mapa.

Cinco gobiernos de Europa, junto a catorce fábricas de llantas y setenta corporaciones electrónicas, colaboran en el proyecto más ambicioso del mundo en autopistas inteligentes: un experimento de ocho años y mil millones de dólares llamado Prometeo. En poco tiempo, Munich, Sevilla, París, Toulouse y Turín estarán experimentando con el sistema de autopistas inteligentes.[17]

Los Estados Unidos no tienen otra alternativa que actualizarse. Se calcula que el promedio de velocidad en las atiborradas autopistas de California será de solo diecisiete kilómetros por hora en el año 2000. Se espera que cuando se implemente el IVHS se reduzca en 50% el tiempo de ir al

16. *Íbid.*
17. *Íbid.*

trabajo y regresar, y en 15% las emisiones de gases contaminantes.[18] *Card Technology Today* revela más detalles del esfuerzo estadounidense:

> La experiencia de AT&T en recaudación electrónica de peajes se remonta algunos años a su colaboración inicial con Olivetti, en el desarrollo de un sistema de cobro en el que los vehículos puedan pagar peaje sin tener que detenerse en una caseta de cobro. La compañía también ha trabajado con Vapor Canada en la creación de técnicas de recaudación de peajes por medio de tarjetas electrónicas. En otro campo diferente a las tarjetas, la empresa también está trabajando en un sistema de vigilancia del flujo vehicular mediante la transmisión de videofotos desde el borde de la carretera, y participa en la conexión entre el reconocimiento y la síntesis de velocidad en los servicios de información a los viajeros. Se cita a Peter Skarzynski, gerente administrativo de los sistemas de comunicación IVHS de AT&T, cuando dice que «asfaltar ya no es la mejor respuesta a nuestros problemas de tráfico. Deberíamos hacer que nuestras carreteras sean más inteligentes en vez de más anchas. Parece que el gobierno de Estados Unidos está de acuerdo al haber asignado seiscientos cincuenta y nueve millones de dólares en más de seis años para el desarrollo de sistemas IVHS».[19]

La verdad es que por buenos que sean estos sistemas para aligerar el tráfico y recaudar peajes, también tienen un efecto lateral muy evidente: El gobierno tendrá la capacidad de saber exactamente dónde se encuentra usted en cualquier momento. Aunque no reclamemos que este es el objetivo del

18. *Íbid.*
19. *Card Technology.*

---

sistema, no hay la menor duda de que en manos de un gobierno totalitario tal sistema representa un enorme potencial de dominio. Desde un punto de vista profético, observamos sin duda la entrada en escena del sistema glotón del anticristo.

Hasta el ganado del campo está numerado

He aquí otro chisme interesante. Aunque las parcelas no se pueden movilizar, la Comunidad Económica Europea mantiene estrecha vigilancia en los terrenos de las granjas. *The European* da detalles del espionaje de la Comunidad sobre los cielos:

> Bruselas lanzó un satélite espía para vigilar los nueve millones de granjeros europeos en la intensificación de la guerra contra el fraude. En casi todos los doce estados miembros se están detectando con precisión milimétrica los campos de miles de granjeros que hacen falsas reclamaciones para obtener jugosos subsidios.

> Por primera vez, la vigilancia a través de satélites hace posible la realización de revisiones prácticamente en cada granja, sustituyendo con amplitud el pesado y torpe procedimiento de revisiones al azar que hacían los funcionarios del Ministerio de Agricultura.

> La comisión de Bruselas recopila la información del satélite espía y luego la transfiere a los organismos nacionales encargados de hacer cumplir la ley, a la espera de un ataque contra los engañadores cuando empiece la cosecha otoñal.

> La primera tarea de los expertos de la Comunidad es asignar a cada granja un número de serie e identificar la clase de cosecha que se ha sembrado. El

análisis detallado puede revelar si el terreno concuerda con la solicitud se subsidio del granjero.

La respuesta de la comisión ha sido ambiciosa. Invirtieron ciento quince millones de ECUs en un plan centralizador de archivos para saber qué cultiva cada granjero. Se compilaría un «registro catastral» (cita textual) en el que se numeraría cada granja y cada animal en toda Europa. La vigilancia se haría por satélite y por un novedoso sistema electrónico de codificar el ganado.[20]

Parece un tanto estrambótico rastrear y codificar el ganado, hasta para prevenir el fraude. Pero recuerde que si el anticristo va a controlar todo el comercio y toda transacción de compraventa, debería tener el control del trueque. Una vaca canjeada por vegetales podría eludir al sistema electrónico de contabilidad ... pero no al «espía celestial» que cuenta y rastrea el ganado y los brotes de repollitos de Bruselas.

Ningún ser humano podría comprar o vender

Recuerde que se puede archivar y almacenar fácilmente cualquier actividad electrónica en una gigantesca base de datos. Considere luego los siguientes ejemplos de cuán extenso es el sistema de rastreo que viene:

- El área de Chicago tiene un sistema autónomo de puntos de servicio (parecido a los puntos de venta) que utiliza tarjetas electrónicas como «billeteras» para incapacitados que se benefician de servicios de tránsito.
- El estado de Wyoming usa tarjetas inteligentes para distribuir electrónicamente beneficios de bienestar

20. *European*, julio 30 de 1992.

social, permitiendole regular los artículos que los clientes del bienestar social pueden comprar, y limitando las cantidades que los comerciantes pueden vender en el sistema.

- El Departamento de Agricultura de EE.UU. utiliza en su sistema de automatización de puntos de compra de maní más de doscientas mil tarjetas electrónicas para regular el mercado, conciliar inventarios y registrar pagos. El sistema ha operado con éxito desde 1987.

- El condado Orange en California ya tiene nuevas carreteras que recaudan peajes de autos que pasan a toda velocidad. El mismo sistema se usa en Italia y Francia.

Un laboratorio de Olivetti en Cambridge, Inglaterra, dio un paso más adelante. Conectó el distintivo con que se identifican sus empleados a una cadena global de correo electrónico, así que pueden averiguar dónde está un empleado, puesto que conocen su dirección electrónica.[21]

Al mismo tiempo, un informe del gobierno manifiesta que «las computadoras que pueden vigilar la productividad y los descansos (algunas veces al contar las pulsaciones individuales) rastrean a más de siete millones de trabajadores estadounidenses».[22] La cadena de tiendas Kmart usa computadoras en el piso de ventas en un experimento para rastrear a los clientes mientras compran. Según David M. Carlson, vicepresidente superior de Sistemas de Información Colectiva, «los clientes ni siquiera se dan cuenta de que hay un dispositivo de rastreo ShopperTrak». Utilizarán este sistema para saber no solo cuántas personas compran en una

---

21. *Milkwakee Journal*, 11 de octubre de 1992.
22. Prensa Asociada, 27 de septiembre de 1987.

tienda sino dónde se necesitan más cajeros y cuándo se deben abrir más cajas.

Hoy día existe tecnología que puede rastrear con facilidad los movimientos y actividades de todo ciudadano. El gobierno que pueda hacer esto, también podrá controlar al pueblo.

El punto debería estar claro: ¡Exactamente ahora existe la tecnología para rastrear los movimientos de la sociedad y del mundo! Lo único que se requiere es que el sistema se codifique, se unifique y se establezca según las normas de la industria emergente.

Quizás el Hermano Mayor no esté vigilando, ¡pero podría hacerlo si quisiera!

Hoy día existe tecnología que puede rastrear con facilidad los movimientos y actividades de todo ciudadano. El gobierno que pueda hacer esto, también podrá controlar al pueblo. Los escépticos se burlan de la idea de que estamos en los últimos días y de que esta podría ser la generación de la que habla el libro de Apocalipsis. Ellos dudan de que esta sea la primera generación totalmente capaz de ser la última.

Sin embargo, es aleccionador pensar en la capacidad actual del gobierno. La oposición de organismos de control está desapareciendo. De modo que ya hay en las bases de datos mucha información acerca de cada ciudadano. Muchos dicen que resistir no conduce a nada. Se puede esperar que dentro de poco estén apagadas las «billeteras electrónicas» de quienes no cooperan. No podrán realizar ni siquiera los más rutinarios tratos comerciales. Se podrá detectar, infiltrar e identificar toda reunión. Será imposible esconderse. ¿Cómo se puede esconder cuando hasta las autopistas lo están vigilando?

Recuerde lo que dijo Terry Galanoy, exdirector de comunicaciones en lo que hoy día es Visa:

> Tampoco ayuda la protesta ciega porque el alboroto que usted arma terminará en uno de sus archivos. Llegará el día en que dependerá total y absolutamente de nuestra tarjeta *(o de cualquier dispositivo de seguridad que la reemplace)*, ¡y podría quedarse afuera solo sin una de ellas![23]

Afortunadamente, un futuro diferente espera a los estudiantes de la profecía bíblica.

23. Terry Galanoy, *Charge It*, Nueva York, Putnum Publishers, 1980.

7

La llegada del mundo alineado

Por asombrosas que sean estas tecnologías, el hombre de pecado o anticristo no puede controlar por completo las compras y las ventas del mundo entero, hasta que estas tecnologías emerjan juntas en una red integrada con normas comunes y universales. No controlaría aun la conducta comercial entre dos países independientes si ellos continúan utilizando diferentes sistemas de tecnología de tarjetas, de software y de rastreo.

Hoy día, sin embargo, las redes internacionales de conexión y el establecimiento de normas globales de industria están dejando atrás este problema. Los gobiernos y otras instituciones están extendiendo sus redes de conexiones electrónicas al compartir información, servicios y tecnología. Los defensores de estos esfuerzos coordinados señalan siempre los aspectos positivos, tales como la reducción de costos y el mejoramiento de la eficacia en entrega de bienes y servicios. Poco se dice acerca de los aspectos negativos de intrusión gubernamental o comercial en los asuntos privados de los individuos.

Como ya hemos observado, hoy día pocas personas temen a la amenaza del Hermano Mayor. Sucumben ante los ingeniosos dispositivos del mercado que, para citar a Tigger en el *Libro de la selva*, «acentúan lo positivo y eliminan lo negativo».

Su computadora personal estará alineada con el nuevo orden mundial

En este capítulo queremos ver esta red de conexiones. En ella participan varios niveles de gobierno, de comercio privado, de industria bancaria y todos los principales representantes de la industria de comunicaciones. Veremos a su tiempo cómo el sector privado y el gobierno combinan sus fuentes y tecnologías para controlar y rastrear las actividades de las personas; todo, por supuesto, en nombre del costo, de la eficacia y del servicio personal.

Apocalipsis 13 nos dice que en el venidero nuevo orden mundial habrá un sistema económico global donde todas las transacciones comerciales se podrán rastrear. Como lo hemos demostrado, la tecnología de computación posiblemente será el centro de este sistema.

En años recientes hemos visto, a nivel individual, el nacimiento de conceptos como compras desde el hogar y banca por medio de computadoras personales. Incluso en la década pasada oímos que estábamos a punto de ver cada hogar equipado con una computadora personal, sin la cual apenas se podría sobrevivir. Pero esta visión ha tardado en hacerse realidad. La piedra de tropiezo ha sido la resistencia pública y no la tecnología.

Su televisor está sintonizado

Jeffrey Zygmont manifiesta en un artículo de la revista *Omni:*

> Parece como si los comerciantes de la tecnología fueran a alcanzar su escurridiza meta de colocar al menos una computadora en cada hogar estadounidense. Todos podríamos sucumbir esta vez, porque la computadora está ingeniosamente disfrazada como un televisor.[1]

Zygmont escribió también que cuando las computadoras aún eran nuevas, los técnicos del mercado tenían limitada la esfera de la visión, previendo estos terminales en los hogares solo para conciliar chequeras y para guardar recetas. Él asevera que con esa visión...

> no es de extrañar que no sintieran deseos de colocar una computadora en cada hogar. Nintendo tuvo más aproximación al vender casi treinta millones de sistemas de juego desde principios de los ochenta. Sin embargo, Nintendo destila lo que la gente parece querer más de las computadoras en su tiempo libre: diversión.[2]

Esto aun no representa cuán lejos hemos llegado. Los televisores se convertirán en dispositivos de doble vía mediante lo que se conoce como televisión interactiva. Sus creadores dicen que «transformará la televisión de insensible espectador en herramienta interactiva que lo llevará a usted a relacionarse también con el mundo real».[3]

1. Revista *Omni*, diciembre de 1991.
2. *Íbid.*
3. *Íbid.*

Las personas están tan acostumbradas a la televisión, y se sienten tan cómodas con ella, que sus temores a las computadoras y a la amenaza del Hermano Mayor se mitigan cuando se integra la tecnología de computación con su conocido aparato de televisión. Hasta el gobierno apoya esta transformación tecnológica:

> La Comisión Federal de Comunicaciones allanó el camino para la proliferación de una tecnología que permita a los propietarios de televisores hacer transacciones bancarias, pagar cuentas y comprar lo que quieran, desde comida china hasta calzado deportivo, a través de la televisión. Un dispositivo de control remoto le da acceso a pantallas de menú que ofrecen diversos servicios.

> La televisión interactiva de TV Answer Inc., con base en Virginia, transmite información por ondas de radio a una estación base conectada por satélite a la oficina central de la firma. Los sistemas estarán a la venta en las veinticinco ciudades principales para fin de año.[4]

Esta anécdota ilustra cómo una compañía privada de alta tecnología se puede interconectar con bancos, restaurantes y tiendas minoristas para dar a los clientes un mejor servicio, con la venia del gobierno, por supuesto. Sin embargo, no olvide que para realizar sus asuntos electrónicamente debe ingresar sus datos personales al sistema (un sistema que nunca olvida).

Emergen los bancos de datos

Según un estudio del Departamento de Justicia estadounidense, la era de la información que se inició extraoficialmente

---

4. Revista *Time*, 27 de enero de 1992.

a fines de la década de los setenta ha sido superada por una nueva era. A este nuevo período se le ha llamado la «era de la información *electrónica*».

He aquí cómo dio a conocer este nuevo desarrollo la Comisión de Informática del Canadá:

Se calcula que casi el ochenta por ciento de toda la información del sector público en la próxima década será totalmente digital.

Las bases de datos en línea, que es información computarizada que se puede transferir de una computadora a otra, se han extendido a un ritmo impresionante. En 1980 habían 400 de esas bases de datos en todo el mundo; a fines de 1990 eran 4.615. Los vendedores de servicios en línea han crecido de 59 a 654 en el mismo período.

Las estadísticas monetarias son aún más impresionantes. Un estudio fidedigno de la corporación Link Resources ... informa:

El total de ingresos por información electrónica solo en Estados Unidos fue de 6 billones 551 mil millones de dólares en 1988 y se pronostica que llegará a 19 billones 784 mil millones en 1994, ¡el triple en seis años![5]

La información sobre las compras o el paradero de un individuo se pueden transferir en milésimas de segundo entre estas bases de datos, aunque estén separadas miles de kilómetros. Esto es esencial en un mundo en que una autoridad central podría rastrear las compras y las ventas de cada persona sobre la superficie del planeta.

5. Crónica anual de la Comisión de Información del Canadá, 1990-91.

Tailandia: a la vanguardia

El gobierno de Tailandia ha tenido el honor de ser el héroe de esta era de la información electrónica. Aunque es un principiante en el mundo de las computadoras, el gobierno tailandés ha hecho enormes progresos en mostrar al resto del mundo cómo interconectar una gran cantidad de servicios sociales diferentes. La revista *Time* detalló el éxito tailandés bajo el título «Propagadores del Hermano Mayor»:

Los tecnócratas podrían admirar sistemas como el de Bangkok, que para el año 2006 habrá almacenado información vital sobre 65 millones de tailandeses en una sola red integrada de computadoras. A primera vista, el sistema tailandés, que Indonesia y Filipinas están considerando la posibilidad de adoptar, parece inofensivo. A todo ciudadano de más de quince años se le exige portar una tarjeta con una foto a color, varios datos pertinentes y un número de identificación.

Pero detrás de las tarjetas hay un sistema computarizado y complejo de software que podría habilitar a un gobierno tipo Hermano Mayor a crear un expediente veloz que le diría todo lo que quisiera saber acerca de alguien. Al programa, que funciona sobre tres de las mejores unidades centrales de control de datos, se le conoce como una base relacional de datos que permite a los burócratas correlacionar los archivos de oficinas gubernamentales separadas.

Si se hacen las conexiones necesarias a los organismos de rentas y policiales, al pulsar unas pocas teclas se pueden remitir archivos criminales junto con archivos de impuestos o *información religiosa y familiar*, para extraer una descripción sorprendentemente detallada de cualquier individuo o grupo (énfasis añadido).[6]

Más que la suma de sus partes

Muchos países en todo el mundo se están aprovechando de las más modernas tecnologías para solucionar sus peculiares problemas sociales, económicos y militares. Mientras se vuelven más expertos en el uso de la tecnología, también extienden sus potenciales y sus alcances. Sin duda viene la época en que estos sistemas nacionales y regionales se unirán en la era global. Aunque el nivel de desarrollo tecnológico varía de nación en nación, en poco tiempo todo el sistema podría estar «conectado».

Por desgracia se piensa poco en las funestas consecuencias que podrían venir. Tampoco se piensa en las advertencias bíblicas acerca de un gobierno mundial que pronto saltará a la palestra pública. Bajo el estandarte de la ciencia y de la extensión de la sabiduría humana, los gobiernos del mundo corren a toda prisa hacia la clase de sistema del que la Biblia nos advierte específicamente.

La construcción de la infraestructura global

Por supuesto que no habrá infraestructura electrónica global si no se edifica un nuevo orden económico internacional. Con el nacimiento de las corporaciones multinacionales, del Banco Mundial, del G7, del Gatt y del Fondo Monetario Internacional, no hay duda de que hemos ingresado a la era de la economía global. Usted solo tiene que presenciar cómo una caída en la Bolsa de Valores de Nueva York repercute inmediatamente en Tokio, Londres y Bonn, para ver de qué manera nos hemos interconectado económicamente.

6. *Time*, 24 de junio de 1991.

Aunque el nivel de desarrollo tecnológico varía de nación en nación, en poco tiempo todo el sistema podría estar «conectado».

El escándalo bancario en que participó el Banco Internacional de Crédito y Comercio (BICC) llevó al primer plano los esfuerzos de mejorar la supervisión de operaciones bancarias a nivel mundial. He aquí cómo el servicio de noticias Reuter cubrió este desarrollo:

> Las autoridades bancarias dijeron que el BICC, acusado de fraude, robo y lavado de dinero la semana pasada en Nueva York, escapó a un examen riguroso en más de setenta países donde tiene operaciones, porque ningún país era responsable de supervisar todas sus operaciones.
>
> El presidente de la Corporación Federal Estadounidense de Seguros de Depósitos, William Sedman, dijo que el escándalo del BICC destacó la necesidad de cooperación global en regulaciones bancarias. Dijo: «Necesitaremos un sistema de dirección a nivel mundial que sea capaz de manejar la supervisión de bancos que funcionan en muchos países en todo el mundo».[7]

Si se hace realidad tal estructura de supervisión, esta no solo será capaz de regular muy de cerca las actividades de los bancos mismos, sino que también tendrá acceso instantáneo a información de las cuentas individuales. Parece un tanto peligroso permitirle a tal entidad que ingrese a los archivos de cuentas personales, pero probablemente no hay manera de impedirlo.

7. Reportaje de *Toronto Star*, 6 de agosto de 1991.

¿Se percató de que las presuntas actividades criminales del BICC fueron la motivación para esa charla acerca de una nueva agencia reguladora? ¿No es curioso que las faltas de un banco sean la razón para crear un «superbanco» mundial manejado por esos mismos banqueros?

Sin embargo, la detención del crimen es un motivador primordial para mucha de esta nueva tecnología y la interconexión resultante de varias organizaciones y sistemas. He aquí otro ejemplo, como lo explicara Joseph Battaglia:

> Ha sido gradual el proceso de ataque a la libre economía, como ocurre con muchas cosas que hace el gobierno. Empezó con la presentación de las reglas contra el lavado de dinero. Estas reglas exigían que bancos y comerciantes reportaran al IRS (siglas en inglés del Servicio de Rentas Internas) el nombre, la dirección y el número de Seguro Social de individuos que hicieran transacciones en dinero efectivo de diez mil dólares o más. Esta regla se estableció bajo el disfraz de atacar a los traficantes de drogas. El gobierno pudo hacer válida esta ley represiva en contra de la libertad y del lavado de dinero, por la enorme publicidad que se dio al problema de las drogas y al llamado «lavado de dinero».[8]

Battaglia dijo más adelante que la Asociación Estadounidense de Banqueros y el Colegio de Abogados patrocinaron un congreso para hacer cumplir la ley en contra del lavado de dinero. A este asistieron representantes de varios organismos federales de seguridad. «Juntos», dijo Battaglia, «compondrán el brazo ejecutorio de la ley en el nuevo orden mundial».[9]

8. Joseph Battaglia, citado en *The McAlvany Intelligence Advisor*, julio de 1991.
9. *Íbid*.

El lúgubre pronóstico de Battaglia podría ser un poco exagerado (es dudoso que una red de organismos estadounidenses pueda hacer respetar estrictamente las políticas monetarias a escala mundial), pero los puntos buenos y malos de este acontecimiento son pioneros de la erosión en la libertad y privacidad personal.

McAlvany Intelligence Advisor también ve la eminente llegada del día en que las capacidades electrónicas de esta generación se utilizarán para rastrear toda transacción individual:

> La Cadena Financiera para Hacer Respetar la Ley Penal (FINCEN, por sus siglas en inglés) dijo que *«tenemos actualmente casi toda la información económica disponible sobre todo ciudadano de los Estados Unidos».* En el futuro el incumplimiento en el pago de impuestos será tratado como violación a la ley de lavado de dinero. ¡Vuelva a leer esa frase! Esta y otras medidas discutidas en la reunión eliminarán prácticamente todo vestigio de libertad económica y privacidad en los estadounidenses.[10]

Según McAlvany, Estados Unidos es solo el principio. En nombre de la lucha contra el crimen se proponen o se aprueban a nivel global leyes inconcebibles para otras generaciones.

La Biblia claramente enlaza el sistema global de la marca de la bestia con el surgimiento de un orden mundial globalizado.

---

10. *The McAlvany Intelligence Advisor*, julio de 1991.

Primero fue el tratado de las Naciones Unidas sobre el lavado de dinero, que intenta declarar ilegal el secreto bancario (el tratado de las Naciones Unidas, del cual Estados Unidos es signatario, penaliza el lavado internacional de dinero, permite la expropiación de bienes, intenta destruir todas las leyes sobre el secreto bancario y debilita las protecciones involucradas en la producción de evidencia, en la toma de testimonios y en la extradición de acusados). Entonces las doce naciones firmantes del Tratado de Organización para la Cooperación Económica y el Desarrollo, lo ratificaron con el fin de asegurar la cooperación en el acoso a los contribuyentes.

Tenemos un informe reciente del Instituto para el Estudio de Conflictos y Terrorismo (que trabaja íntimamente con la CIA), el cual argumenta que el lavado global de dinero no solo corresponde a los quinientos mil millones de dólares en que se calcula, sino dos o tres veces esa suma. El informe reprocha la falta de regulaciones CTR en la mayoría de países además de Estados Unidos y dice que se debe destruir de inmediato el secreto bancario en Suiza, Austria, Hong Kong y el Caribe.[11]

En la misma época en que apareció ese artículo, *USA Today* denunció que:

Suiza está aboliendo la mayoría de sus cuentas bancarias anónimas para tomar medidas enérgicas sobre las transacciones criminales. La Comisión Federal Bancaria del país demandará que se identifiquen los propietarios de las cuentas bancarias, de ese

11. *Íbid.*

modo se hace más difícil lavar dinero a los traficantes de drogas y a los dictadores.[12]

Estos pocos ejemplos señalan con claridad la manera poco sistemática y encubierta en que se está estableciendo un sistema global que elimina cualquier secreto en nuestros asuntos económicos privados. Pero la campaña hacia un sistema económico global se está impulsando también en un mismo frente público. Hace poco el presidente Clinton aclaró el punto de vista de la administración al presionar su Tratado de Libre Comercio Norteamericano (NAFTA por sus siglas en inglés).

Este nuevo sistema económico mundial llega para permanecer. No podemos desperdiciarlo. No podemos escapar de él. No podemos construir muros alrededor de nuestra nación. Por lo tanto, debemos darle al mundo el liderazgo, debemos competir, no retroceder.[13]

Abba Eban, exministro israelita del exterior, dice que los socios del G7 (siete de las naciones occidentales más ricas) podrían ser una verdadera fuerza para actuar, pero ...

No han aprendido a pensar juntos. Reúnen extraordinaria concentración de poder, pero sus sesiones parecen ineficaces. Deberían reconocer que colectivamente tienen un inmenso poder para cambiar la condición humana, pero individualmente no lo tienen. Deberían establecer una *institución permanente, casi como un nuevo estado.* Los organismos existentes no pueden hacer el trabajo. Para eso se requieren las cualidades de sabiduría y de liderazgo de *los filósofos*

---

12. *USA Today*, 6 de mayo de 1991.
13. *International Herald Tribune*, julio 6 de 1993.

reales modernos. Aunque tal vez algunos se mantienen al margen, parece que por ahora ninguno aspira al liderazgo.[14]

Renace el Imperio Romano

La Biblia muestra claramente que un nuevo orden mundial creará una sociedad global en la que se convertirán las democracias occidentales en general y Europa Occidental en particular. En las etapas iniciales de la Unión Europea que vemos hoy día esperaríamos ver el surgimiento de muchos de los interrogantes que saldrán a nivel global en los días venideros. Eso es exactamente lo que está sucediendo. En Barcelona, España se convocó el congreso «Fronteras sin fronteras» para tratar los problemas de la eliminación de fronteras. A medida que lea las porciones siguientes de materiales del congreso, tenga en cuenta que la Biblia claramente enlaza el sistema global de la marca de la bestia con un nuevo orden mundial.

Los usos de la tecnología de tarjetas se ven afectados radicalmente por los cambios dramáticos en una Europa Occidental en proceso de unidad con el surgimiento de una nueva Europa Oriental ...

Estos son algunos interrogantes que se deben tratar:

Identificación: ¿Qué información se necesita? ¿Quiénes cuidan las bases de datos? ¿Expedirá pasaportes cada nación o lo hará, por ejemplo, una oficina central en la Comunidad Europea (CE)?

Seguridad: ¿Cuánta identificación se necesita para asegurar la seguridad de una nación?

14. *Time*, 12 de julio de 1993.

Telecomunicaciones: ... ¿Tomará las decisiones el gobierno o una entidad comercial o mundial?

POS bancarios: ¿Por qué las tarjetas electrónicas con circuitos integrados deberían reemplazar el dinero efectivo? ¿Cuántos requisitos de identificación y servicio social se necesitará en el uso de las tarjetas?[15]

Los líderes del mundo discuten abiertamente un sistema muy parecido al que describe la Biblia (y quizás el único). Es inequívoca la conexión entre este sistema económico y el nuevo orden mundial. Vea lo que dijo Arlen Lessen, presidente del Instituto Internacional de Tecnología de Tarjetas:

> Este es un congreso muy importante no solo por los asuntos que se tratarán. Su propósito es crear formal e informalmente un diálogo entre quienes deben tomar las decisiones sobre lo que haremos para vivir en un mundo sin fronteras.
>
> Todavía no somos una comunidad global. Pero esta es claramente la dirección en que vamos. Las fronteras deberán desaparecer en los niveles de economía, tecnología, política, militar y hasta en las actividades sociales. ¿Cómo se puede mantener la integridad y la seguridad de una nación si las personas pueden ir de nación en nación? Por supuesto, debe haber alguna coacción, algún medio de saber quién quiere ingresar, algún medio de vigilar y/o de identificar a las personas de las distintas naciones.[16]

Las tecnologías que hemos discutido permitirían este profetizado libre flujo de personas, información y comercio.

---

15. «Fronteras sin fronteras: Primer congreso mundial de tarjetas pragmatécnicas», Barcelona, España, 13-15 de marzo de 1991.
16. *Íbid.*

La tecnología de satélite y de computación puede verificar rápidamente las identificaciones y rastrear a los individuos en un espacio de tres metros en cualquier parte de la tierra. La Comunidad Europea está lista para implementar entre sus miembros tal sistema sin fronteras. Esta sin duda creará el patrón que adoptará con el tiempo el resto del mundo.

Identifiquen a esos fundamentalistas intolerantes

Debemos hacer un alto para observar algo con claridad. La Biblia resalta que en los días finales tal sistema no solo estará en acción para hacer posible el orden mundial sino también para asegurar que nadie pueda actuar fuera de él. ¡Sabemos que cualquiera que sirva a Dios será odiado por este nuevo orden mundial humano!

Por tanto, no debería sorprender que el nacimiento de la tecnología para la marca de la bestia tenga igual hostilidad. Lo acabamos de citar: «Por supuesto, debe haber alguna coacción, algún medio de saber quién quiere ingresar, algún medio de vigilar y/o de identificar a las personas de las distintas naciones».

La Biblia resalta que en los días finales tal sistema no solo estará en acción para hacer posible el orden mundial sino también para asegurar que nadie pueda actuar fuera de él.

Encontramos de sumo interés que cuando nuestro equipo de investigación asistió en 1993 al congreso de tecnología de tarjetas, «Soluciones para la frontera global», celebrado en Washington, los Estados Unidos estaban en medio del desastre de David Koresh en Waco. Nuestros investigadores observaban junto a los asistentes al congreso cuando los televisores de todo el centro de convenciones mostraban el campamento envuelto en llamas.

Usted se puede imaginar cuán difícil fue conseguir una entrevista posterior, ¡puesto que los únicos medios de comunicación electrónicos en el congreso eran CNN y «Esta semana en la profecía bíblica»! Sin embargo, como ocurre a menudo, el Señor lo hizo para bien. El debacle de Waco logró que los expertos en micropastillas hablaran de cómo sus sistemas electrónicos de identificación podrían rastrear miembros de cultos religiosos. Un líder europeo nos dijo frenéticamente que Europa podría mantener a esos locos cristianos estadounidense fuera de Europa. Para él, ¡David Koresh era solo otro cristiano! No mucho después apareció lo siguiente en el periódico *The European:*

> ESTRASBURGO. Tras el desastre de Waco en los Estados Unidos, en el cual esta semana murieron abrasados al menos ochenta miembros de una secta, el Concejo de Europa probablemente apruebe un «directorio» de cultos religiosos. Un informe ante el comité ministerial del concilio de las veintiséis naciones expresó preocupación por las actividades de nuevos cultos religiosos. Se pidió a los gobiernos miembros que establezcan organismos independientes para vigilar y obtener información que luego «circulará ampliamente hacia el público en general».

Al mismo tiempo en Francia, la Unión Nacional de Asociaciones para la Defensa de la Familia y el Individuo publicó tal directorio. ¡En la lista de cultos estaban la Comunidad Evangélica Internacional de Hombres de Negocios y las Asambleas de Dios!

Por desgracia, esto se está convirtiendo en una crisis global de identidad. El enemigo está logrando hacer creer al mundo que todos los cristianos son tan desequilibrados como los seguidores de cultos en Waco o Guyana. Observe lo que dijo *USA Today* sobre la identificación de un culto en el período que siguió a los sucesos de Waco:

> Hoy día los grupos tienen la tendencia a creer que está cercano el fin del mundo que profetiza la Biblia ... Tales acontecimientos aparentemente sin ninguna relación, así como la obtención del control de Jerusalén en 1967 por parte de los israelitas, la amenaza de una guerra nuclear y los cambios en la economía global están entre las señales que los *cultistas* ven (como profetiza la Biblia) de que se acerca el fin y la segunda venida de Cristo.[17]

No es coincidencia que los líderes en el campo de la identificación electrónica, micropastillas y tarjetas electrónicas vean cómo su tecnología puede identificar peligrosos fanáticos religiosos. Ellos creen que están protegiendo al mismo mundo. Usted no puede ayudar, pero observe con qué exactitud está llegando a suceder lo que profetiza la Biblia. No asombra que las Escrituras adviertan que «os expulsarán de las sinagogas; y aun viene la hora cuando cualquiera que os mate, pensará que rinde servicio a Dios» (Juan 16.2). Aunque este texto habla a todas las generaciones, podemos esperar que como todo lo demás se aumente en la última generación. Hoy día, Europa (el corazón del mundo futuro) está viendo la conexión de lo que dice la Biblia y la está poniendo en su lugar. ¿Cuán cerca estamos?

17. *USA Today*, 21 de abril de 1993.

8

666: El nacimiento del sistema

El relato de la marca de la bestia es una de las profecías más conocidas de todas las Escrituras. Incluso personas que nunca han abierto una Biblia están familiarizadas con la frase y pueden sentir la inquietud que acompaña al número *666*. Quienes hacen cine han utilizado (en películas tales como *The Omen* [El augurio] y *El exorcista*) imágenes del anticristo, actividades demoníacas y tipología 666 para presentar esta idea al mundo. Los grupos de rock como Iron Maiden lo han usado para aterrorizar a la generación de los tiempos finales. Lo que pasan por alto en muchas discusiones seculares (y con frecuencia en las cristianas) sobre la marca de la bestia es el contexto en que se nos presenta esta profecía en las Escrituras. Seríamos negligentes y malos maestros bíblicos si nos concentráramos solo en esta profecía sin mostrar cómo encaja con muchas otras profecías.

La Biblia dice que la marca de la bestia y la tecnología que la acompaña serán instaladas por el anticristo, no como un fin en sí mismas sino como medio de manejar el nuevo orden mundial que aun hoy día se está creando. Sin embargo, por enigmática que pueda ser una discusión sobre la tecnología de la marca de la bestia, no alcanzará su verdadero significado hasta que coloquemos esa pieza de rompecabezas en el lugar que le corresponde dentro de las otras piezas del escenario profético.

Es crucial entender que la decisión de recibir la marca de la bestia es alguna forma de juramento de lealtad hacia el anticristo, haciéndola una decisión espiritual que tiene solo beneficios económicos secundarios.

El nuevo orden mundial será un sistema complejo y difícil de administrar, aun para un hombre que puede hacer «grandes señales». Se necesitará un sistema mucho más complicado que el que hemos descrito para rastrear los movimientos de personas, equipo, bienes y economías. Solo esta clase de sistema, que quizás es único, permitirá al venidero gobernante mundial el control del gobierno global, del sistema monetario universal y de la religión unificada que juntos compondrán el nuevo orden mundial.

Un juramento global de lealtad

Cuando usted considere que, según las Escrituras, quienes tengan la marca de la bestia serán condenados eternamente, se vuelve claro que el aspecto más importante de la marca no es económico sino espiritual. El hecho de que no se entienda este punto clave a menudo ha llevado a graves tergiversaciones, a continuas exageraciones sobre la marca y a ridículas afirmaciones que han adormecido a las personas en vez de despertarlas ante las señales urgentes de estos tiempos peligrosos.

Es crucial entender que la decisión de recibir la marca de la bestia es alguna forma de juramento de lealtad hacia el anticristo, haciéndola una decisión espiritual que tiene solo beneficios económicos secundarios. Para recibir la marca, los ciudadanos del nuevo orden mundial tendrán primero que jurar su constante apoyo al anticristo. Este juramento de lealtad significará que aceptan el sistema de gobierno, economía y religión de la bestia. Significará que compran bajo su visión, su plataforma y su programa.

Por la Biblia sabemos bastante de ese programa. Apocalipsis 13 describe con algunos detalles el surgimiento de la bestia a la palestra pública. Es una increíble perspectiva general del sistema en los días postreros. Específicamente nos dice que cuando la bestia se levante al escenario mundial, en sus primeros discursos y tentativas de acercamiento a la comunidad del mundo resaltará el odio hacia Dios y hacia todos los que creen en Él.

> También se le dio boca que hablaba grandes cosas y blasfemias; y se le dio autoridad para actuar cuarenta y dos meses. Y abrió su boca en blasfemias contra Dios, para blasfemar de su nombre, de su tabernáculo, y de los que moran en el cielo. Y se le permitió hacer guerra contra los santos, y vencerlos. También se le dio autoridad sobre toda tribu, pueblo, lengua y nación (Apocalipsis 13.5-7).

¿Aceptará el mundo esta diatriba de odio? De manera sorprendente, ¡las personas no solo aceptarán, sino que adorarán tanto a la bestia que dice esas palabras como al diablo mismo!

Y adoraron al dragón que había dado autoridad a la bestia, y adoraron a la bestia, diciendo: ¿Quién como la bestia, y quién podrá luchar contra ella? ... Y la adoraron todos los moradores de la tierra cuyos nombres no estaban escritos en el libro de la vida del Cordero que fue inmolado desde el principio del mundo (Apocalipsis 13.4,8).

Si podemos entender la increíble naturaleza de lo que ocurrirá según las Escrituras, entonces podremos entender mejor la misma marca de la bestia. ¡No olvide que esta es una señal de que sus seguidores están de acuerdo con su opinión acerca de Dios!

Adquirir la marca de la bestia no será una acción involuntaria que le costará su mismísima alma. Las personas conocerán su significado exacto cuando decidan aceptarla.

Cuando el anticristo hable blasfemias contra el único Dios verdadero, sus partidarios se le unirán en el coro de vulgaridades y blasfemias hacia su Creador. Esta acción, combinada con sus intentos de crear el «reino del hombre» en el cual Dios no tiene cabida, constituye una decisión espiritual eterna.

Una advertencia solemne y eterna

En este contexto es totalmente comprensible la advertencia solemne y eterna del Señor para quienes reciban la marca de la bestia.

> Si alguno adora a la bestia y a su imagen, y recibe
> la marca en su frente o en su mano, él también beberá
> del vino de la ira de Dios, que ha sido vaciado puro
> ... Y el humo de su tormento sube por los siglos de los
> siglos. Y no tienen reposo ni de día ni de noche los
> que adoran a la bestia y a su imagen, ni nadie que
> reciba la marca de su nombre (Apocalipsis 14.9-11).

Seguramente Dios no desahogaría tal espantosa ira sobre alguien por solo razones económicas. Dios no condenaría a las personas a castigo eterno en el infierno solo porque eligen Visa en vez de MasterCard, o eligen una tarjeta electrónica en vez de una de banda magnética, o toman alguna decisión similar inofensiva. Adquirir la marca de la bestia no será una acción involuntaria que le costará su mismísima alma. Las personas conocerán su significado exacto cuando decidan aceptarla: Tomar una decisión espiritual de servir al anticristo y adorar a la bestia y a su imagen. El versículo 9 pone las cosas en su perspectiva correcta: «Si alguno adora a la bestia y a su imagen, y recibe la marca». Observe cuidadosamente que la adoración a la bestia precede a la aceptación de la marca.

La marca se da a quienes se rinden

La aceptación de la marca de la bestia es el resultado de la rendición personal y espiritual a la bestia misma. Para seguir al anticristo se debe hacer una decisión consciente. A una persona se le permitirá recibir la marca solo por un juramento de férrea devoción a la bestia y a sus políticas económicas, políticas y religiosas. Por favor, tome nota de nuestra selección de palabras. A los seguidores de la bestia se les *permitirá* recibir su sello de aprobación. No se obligará a nadie. La recibirán solo quienes la quieran.

Ellos querrán la marca no solo para poder comprar y vender sino porque han dicho (al menos en sus corazones):

«Creemos en este hombre. Creemos que tiene las soluciones para los problemas que nos agobian. Creemos que este hombre nos traerá paz y prosperidad, mediante la eliminación de obsoletas ideas religiosas y políticas económicas nacionalistas. Creemos que es un dios».

Si usted estudia con cuidado Apocalipsis 13, verá que los componentes religiosos, políticos y económicos de este nuevo orden mundial están tan interconectados que son inseparables. Funcionan juntos para asegurar que usted esté dentro o fuera del sistema.

Puesto que aún no hemos tomado tiempo para estudiar el alcance general de Apocalipsis 13 (el capítulo donde se encuentra la profecía de la marca de la bestia), hagámoslo ahora. Lea por favor estos versículos con sumo cuidado y en oración para que pueda adquirir un sentido real de este nuevo orden mundial a punto de llegar:

Y adoraron al dragón que había dado autoridad a la bestia, y adoraron a la bestia, diciendo: ¿Quién como la bestia, y quién podrá luchar contra ella? También se le dio boca que hablaba grandes cosas y blasfemias; y se le dio autoridad para actuar cuarenta y dos meses. Y abrió su boca en blasfemias contra Dios, para blasfemar de su nombre, de su tabernáculo, y de los que moran en el cielo. Y se le permitió hacer guerra contra los santos, y vencerlos. También se le dio autoridad sobre toda tribu, pueblo, lengua y nación. Y le adoraron todos los moradores de la tierra cuyos nombres no estaban escritos en el libro de la vida del Cordero que fue inmolado desde el principio del mundo.

Después vi otra bestia que subía de la tierra; y tenía dos cuernos semejantes a los de un cordero, pero hablaba como dragón. Y ejerce toda la autoridad de la primera bestia en presencia de ella, y hace que la tierra y los moradores de ella adoren a la primera bestia, cuya herida mortal fue sanada. También hace grandes señales, de tal manera que aun hace descender fuego del cielo a la tierra delante de los hombres. Y engaña a los moradores de la tierra con las señales que se le ha permitido hacer en presencia de la bestia, mandando a los moradores de la tierra que le hagan imagen a la bestia que tiene la herida de espada, y vivió. Y se le permitió infundir aliento a la imagen de la bestia, para que la imagen hablase e hiciese matar a todo el que no la adorase. Y hacía que a todos, pequeños y grandes, ricos y pobres, libres y esclavos, se les pusiese una marca en la mano derecho o en la frente; y que ninguno pudiese comprar ni vender, sino el que tuviese la marca o el nombre de la bestia, o el número de su nombre. Aquí hay sabiduría. El que tiene entendimiento, cuente el número de la bestia, pues es número de hombre. Y su número es seiscientos sesenta y seis (Apocalipsis 13.4-18).

Los grandes impostores

Apocalipsis 13.16,17 explica las ramificaciones económicas del sistema de la bestia. Apocalipsis 13.4-8 demuestra la amplitud del control político del anticristo, y los versículos 11-15 nos muestran los aspectos espirituales del nuevo orden mundial bajo el anticristo.

Es más, en estos versículos se detalla la base espiritual del sistema de la bestia: se revela el tercer miembro de la impía trinidad. Esta diabólica trinidad es una falsificación de la trinidad eterna del Padre, Hijo y Espíritu Santo. Satanás (o el dragón) representa al Padre, mientras que la primera bestia (el anticristo) es la contraparte de Jesús, el Hijo. Ahora se nos presenta la segunda bestia, o el falso profeta, como se le llama en Apocalipsis 19.20, quien es la contraparte del Espíritu Santo.

De la misma manera en que el Espíritu Santo acerca a los hombres a Cristo y dirige a los creyentes a la verdadera adoración de Jesús, este falso profeta hace que todos adoren a la bestia (Apocalipsis 13.12). Esta segunda bestia engaña a quienes permanecen en la tierra, mediante milagros impresionantes (v. 13).

Se demandará lealtad espiritual. No habrá espacio para cualquier otra creencia. Quienes se inclinen con gusto y alegría ante la bestia comprometen sus vidas a su causa. Estarán totalmente de acuerdo con sus planes y propósitos políticos, con su programa económico y con sus enseñanzas espirituales. Por este compromiso, el anticristo los marcará con su nombre o su número para que puedan funcionar en su nuevo orden mundial. Con regocijo se unirán a la bestia en blasfemar al único Dios verdadero y en deleitarse en matar a los cristianos. La antiquísima rebelión del hombre contra Dios alcanzará su apogeo en esta época sin precedentes de maldad.

¿Cómo lo hará el anticristo?

Nos hemos preguntado a menudo cómo podría el anticristo convencer a millones de personas de que recibieran su marca o su número cuando esto lo han documentado muy clara e históricamente cristiano e icrédulos como señales malignas y sentencias de muerte. Quien haya visto la película *The Omen* sabe que 666 es el número de la bestia. Quien haya leído la Biblia debe conocer el número de la bestia. Cualquiera que tenga aunque sea un interés pasajero en la música rock debe tener al menos algún conocimiento de esta profecía.

¿Cómo entonces convencerá el anticristo a tantas personas, que de una u otra manera están conscientes de la marca y del número del profetizado hombre de perdición, para que reciban tal marca? Con seguridad sería lo suficientemente listo para utilizar el 665 o cualquier otro número en vez de 666.

Una perspectiva posible: El anticristo está descaradamente blasfemando contra Dios, contra su Palabra y contra su tabernáculo. Es el pináculo de la arrogancia en sus demostraciones de supuestos milagros y su desdén por lo sagrado. Él podría utilizar estos «activos» para inducir a la gente a estar de acuerdo con su línea de pensamiento.

El anticristo podría decirles que han sido engañados y esclavizados por mucho tiempo a tradiciones religiosas mitológicas y negativas. Observe este argumento hipotético pero muy posible:

> En nuestro nuevo mundo de paz y armonía no podemos tolerar por más tiempo tales pensamientos mezquinos y supersticiosos. Todos debemos estar unidos y demostrar el éxito de nuestro nuevo mundo. No nos debemos paralizar por supersticiones sino que debemos dar el siguiente paso en nuestra evolución. Para probar que no nos asustan esos «cuentos de viejas» aceptaremos abiertamente los desafíos del fracasado cristianismo y adoptaremos para nosotros mismos y nuestro nuevo orden mundial el mismísimo símbolo que esos fanáticos religiosos asociaron erróneamente con algo siniestro. ¡Tomaremos el 666 como nuestro propio símbolo!

Comprendemos que muchos lectores pensarán que aquí somos un poco ingenuos o simplistas, pero recuerde que quienes han decidido seguir a la bestia habrán cometido un error fatal y eterno. Seguir detrás de la bestia y recibir su marca condenará definitivamente sus almas. El apóstol Pablo advirtió sobre este triste día hace casi dos mil años:

> [El anticristo] inicuo cuyo advenimiento es por obra de Satanás, con gran poder y señales y prodigios mentirosos, y con todo engaño de iniquidad para los que se pierden, por cuanto no recibieron el amor de

la verdad para hacer salvos. Por esto Dios les envía un poder engañoso, para que crean la mentira, a fin de que sean condenados todos los que no creyeron a la verdad, sino que se complacieron en la injusticia (2 Tesalonicenses 2.9-12).

666: El hombre se vuelve Dios

Muchos maestros de profecía han especulado con el 666, el número de la bestia. Aquí debemos tener mucho cuidado porque tales especulaciones han llevado a un grave error. Algo que sí sabemos es que el número seis se considera numerológicamente en la Biblia como número de hombre. Al tres se le considera uno de los números de perfección, y representa a Dios. Por lo tanto, tres seis indican el intento del hombre de convertirse en Dios. Este es el poder y la fortaleza del sistema de la bestia, porque el anticristo usará de manera brillante el orgullo del hombre para esclavizarlo.

El anticristo no solo afirmará ser Dios sino que también afirmará que todas las personas pueden alcanzar la deidad con solo descubrir la divinidad que mora en ellas. Esta es la mentira más antigua registrada, pero tiene una notable historia de éxitos. Usted recordará que esta fue la misma mentira del equivocado Lucifer cuando cayó del cielo:

¡Cómo caíste del cielo, oh Lucero, hijo de la mañana! Cortado fuiste por tierra, tú que debilitabas a las naciones. Tu que decías en tu corazón: subiré al cielo; en lo alto, junto a las estrellas de Dios, levantaré mi trono, y en el monte del testimonio me sentaré, a los lados del norte; sobre las alturas de las nubes subiré, y seré semejante al Altísimo (Isaías 14.12-14).

La mentira de que podemos ser dioses es la misma con la que Eva metió la pata en el Huerto del Edén:

Entonces la serpiente dijo a la mujer: No moriréis; sino que sabe Dios que el día que comáis de él, serán abiertos vuestros ojos, y seréis como Dios, sabiendo el bien y el mal (Génesis 3.4,5).

El verdadero Armagedón

Una prueba positiva de la naturaleza de este nuevo orden mundial se encuentra en la batalla de Armagedón. Todas las naciones de la tierra se reunirán aquí para intentar acabar lo que empezó Adolf Hitler. Ellas quieren exterminar al pueblo judío de la faz de la tierra.

¿Por qué? Porque Israel es el último símbolo visible, reconocible y atacable que queda de Dios en el mundo. Puesto que esto sucede al final del período conocido generalmente como la tribulación y que la Iglesia (integrada por los creyentes en Jesucristo) fue arrebatada al principio de este período, ¡el mundo no tiene donde más volcar su furia y odio contra todo lo relacionado con Dios!

He aquí yo pongo a Jerusalén por copa que hará temblar a todos los pueblos de alrededor contra Judá, en el sitio contra Jerusalén. Y en aquel día yo pondré a Jerusalén por piedra pesada a todos los pueblos; todos los que se la cargaren serán despedazados, bien que todas las naciones de la tierra se juntarán contra ella ... Y en aquel día yo procuraré destruir a todas las naciones que vinieren contra Jerusalén (Zacarías 12.2,3,9).

Y vi salir de la boca del dragón, y de la boca de la bestia, y de la boca del falso profeta, tres espíritus inmundos a manera de ranas; pues son espíritus de demonios, que hacen señales, y van a los reyes de la tierra en todo el mundo, para reunirlos a la batalla de aquel gran día del Dios Todopoderoso. He aquí, yo vengo como ladrón. Bienaventurado el que vela, y guarda sus ropas, para que no ande desnudo, y vean su vergüenza. Y los reunió en el lugar que en hebreo se llama Armagedón (Apocalipsis 16.13-16).

Aquí es donde se vuelve incuestionable la unidad verdadera del nuevo mundo. El espíritu del anticristo y de todos sus seguidores quieren solo destruir todo lo relacionado con el Señor. ¡Esa es la unidad del orden del anticristo! Allí es cuando el Señor ha tenido suficiente. Es cuando la humanidad como un todo, al unísono perfecto, ha tomado su decisión por la bestia y su sistema.

Después saldrá Jehová y peleará con aquellas naciones, como peleó en el día de la batalla. Zacarías 14.3

Entonces vi el cielo abierto; y he aquí un caballo blanco, y el que lo montaba se llamaba Fiel y Verdadero, y con justicia juzga y pelea. Sus ojos eran como llama de fuego, y había en su cabeza muchas diademas; y tenía un nombre escrito que ninguno conocía sino Él mismo. Estaba vestido de una ropa teñida en sangre; y su nombre es: EL VERBO DE DIOS. Y los ejércitos celestiales, vestidos de lino finísimo, blanco y limpio, le seguían en caballos blancos (Apocalipsis 19.11-14).

¡De qué increíble serie de acontecimientos hablamos aquí! Pero todavía no sacamos la parte más reveladora. En ese tiempo no habrá ateos o agnósticos. Nadie pondrá en duda la existencia de Dios o hará hipótesis de que Dios está muerto. Él está exactamente allí. ¡Todo ojo lo verá!

Sin embargo, ¿Reconocerá el mundo su error de falta de fe? ¿Dirá alguien: «Cielos, Señor, perdona mi duda», como hizo el incrédulo Tomás cuando finalmente vio al Señor? No. La orden del día será rebelión, no arrepentimiento.

Se impondrá el mal en sus corazones y su determinación será tan firme que todo el mundo se unirá detrás de la bestia y tratará de hacer volar por los aires al Señor. No se necesitarán más pruebas de que todo este nuevo orden nace directamente de la rebelión que yace en el corazón del hombre.

> Vi a la bestia, a los reyes de la tierra y a sus ejércitos, reunidos para guerrear contra el que montaba el caballo, y contra su ejército (Apocalipsis 19.19).

Por supuesto, el Señor vence a sus enemigos con solo una palabra de su boca, pero el asunto es demasiado importante para hacerlo a un lado. El nuevo orden mundial y la marca de la bestia son las afirmaciones del mundo unido de que no quieren, necesitan o tienen algún interés en Dios.

Pero, ¡no pongamos toda esta discusión en el futuro! Porque hoy día enfrentamos como individuos la misma decisión que el mundo enfrentará mañana.

9

La generación elegida

Hace poco vimos un tira cómica en una revista secular. Dos tipos de Wall Street, corpulentos y de mediana edad, caminaban por la calle cuando vieron el estereotipo del profeta del juicio final. Usted lo ha visto: túnica hasta los tobillos, cabello hasta el hombro, barba escuálida y porta un cartel que dice: «El fin está cerca». Uno de los hombres de negocios, cuya cara delata pánico, dice al otro: «Sabes, quizás solo esté fastidiando».

Hubo también una edición especial de la revista *Time* que analizó lo que denominó «fiebre milenial», o sea el súbito interés en el futuro de la humanidad, en la segunda venida de Cristo y en otros temas futuristas. Los autores del análisis dijeron que tal ansiedad se acentúa al inicio de cada siglo, pero que toma proporciones colosales durante la transición de un milenio a otro[1] (lo que nos hace preguntar: ¿En qué se

---

1. Edición especial de la revista *Time*, «Más allá del año 2000», otoño de 1992.

pueden basar ellos para hacer tal afirmación, si consideramos que ahora estamos completando solo el segundo milenio desde la primera venida de Cristo?).

Los burladores en los últimos días

A pesar del creciente interés en temas futuristas, solo unos pocos creen que la profecía bíblica derrama mucha luz sobre la actual situación mundial. Los burladores dicen: «Ya hemos escuchado muchas tonterías sobre la segunda venida. Es un cuento de hadas. Cada generación durante dos mil años ha dicho que sucedería en su época, pero todavía no ha pasado nada».

Difícilmente se les puede reprochar. En los últimos cincuenta años han venido y han muerto docenas de «anticristos» como Mussolini, Hitler, Idi Amin, o el más reciente Sadam Hussein. Durante mucho tiempo, grupos cristianos extremistas y cultos no cristianos han establecido fechas que no se han cumplido para el regreso de Cristo. ¿Cómo podemos olvidar la confusión que ocasionó la gran circulación de las insignificantes *88 Reasons Why Jesus Could Return in 1988* [88 Razones por las cuales Jesús regresaría en 1988] y su aún más insignificante continuación *89 Reasons* [89 Razones] que salió al año siguiente? Hace poco sucedió el debacle coreano (en el cual una iglesia gigantesca estableció una fecha para el arrebatamiento y que posteriormente no pasó nada en particular) que creó caos económico y espiritual en muchos, debido a las incorrectas interpretaciones de la Biblia y a «nueva revelación». Cada año se incrementa la cantidad de libros que detallan no solo «el tiempo y la estación» sino «el día y la hora» del regreso de Cristo. ¡Quizás *Time* esté en lo cierto acerca de la fiebre apocalíptica!

Con este panorama, ¡tal vez debamos admitir que parte del poco interés en los estudios proféticos se deba a los mismos maestros de profecía! Aunque tratan de alertar al mundo y a la Iglesia del inminente regreso de Cristo, sus buenas intenciones se han eclipsado a menudo por la indebida metodología. Podríamos decir como Pogo, el personaje de las tiras cómicas: «Descubrimos que el enemigo somos nosotros».

Muchos cumplimientos sorprendentes de la profecía bíblica que han ocurrido en los últimos años muestran, con mucha claridad, que esta es la primera generación totalmente capaz de ser la última.

Sin embargo, quienes se burlan de las profecías bíblicas son en sí mismos el cumplimiento de esta profecía:

Sabiendo primero esto, que en los postreros días vendrán burladores, andando según sus propias concupiscencias, y diciendo: ¿Dónde está la promesa de su advenimiento? Porque desde el día en que los padres durmieron, todas las cosas permanecen así como desde el principio de la creación (2 Pedro 3.3,4).

El panorama total

¡No suponga que la profecía de Pedro es la única que se cumple hoy día! En los últimos años se han cumplido de manera sorprendente muchas profecías bíblicas (y se están cumpliendo otras mientras escribimos este libro) que muestran con claridad que esta es quizás la primera generación que cumple los requisitos para ser la última. Además, aunque prácticamente en toda generación se ha creído que esa sea la última profetizada, podemos señalar una cantidad de profecías bíblicas que, casi con seguridad, no se podrían haber cumplido en otra generación.

Consideremos por un instante el panorama total. Después de todo, no existen tales cosas llamadas coincidencias. ¿Podría el cumplimiento de profecías bíblicas no ser más que coincidencias improbables? Nuestra respuesta es que Dios eliminó esa posibilidad al darnos docenas de señales que llegarían juntas en una generación final. Aquí es donde yace la prueba.

Solo para darle una idea de este panorama total, detengámonos por un momento y examinemos algunas de las profecías que se unen en esta generación.

El regreso de los judíos a su tierra

Si hay una revelación central de la profecía bíblica, esta es la reunión de los judíos de todas partes del mundo hacia su tierra de origen. Esto se profetizó en muchísimos pasajes bíblicos. Reproduciremos solo unos pocos:

> Y yo os tomaré de las naciones, y os recogeré de todas las tierras, y os traeré a vuestro país (Ezequiel 36.24).

> Asimismo acontecerá en aquel tiempo, que Jehová alzará otra vez su mano para recobrar el remanente de su pueblo que aún quede ... Y levantará pendón a las naciones, y juntará los desterrados de Israel, y reunirá los esparcidos de Judá de los cuatro confines de la tierra (Isaías 11.11,12).

> Y traeré del cautiverio a mi pueblo Israel ... los plantaré sobre su tierra, y nunca más serán arrancados de su tierra que yo les di, ha dicho Jehová, Dios tuyo (Amós 9.14,15).

La promesa de estas antiguas profecías empezó a hacerse realidad el 14 de mayo de 1948. El *New York Times* proclamó el gran cumplimiento:

TEL AVIV, Palestina: El estado judío, la más nueva soberanía del mundo conocida como el estado de Israel, entró en Palestina a la medianoche bajo el término del mandato inglés.[2]

Un acontecimiento relacionado fue la captura de Jerusalén por las fuerzas israelitas el 7 de junio de 1967. Leemos en Lucas 21.24:

Y caerán a filo de espada, y serán llevados cautivos a todas las naciones; y Jerusalén será hollada por los gentiles, *hasta que los tiempos de los gentiles se cumplan* (énfasis añadido).

Sencillamente no se puede negar el milagro que es Israel. Los judíos se asientan hoy día en su patria, tal como lo prometiera Dios, después de ser esparcidos en todas las naciones de la tierra, perseguidos como ningún otro pueblo y casi exterminados en el holocausto.

La misma generación que vio el renacimiento de Israel ve también cómo la Comunidad Europea se dirige al centro del escenario mundial.

Pero esto no es todo, proféticamente hablando. Israel está implicado en el mismísimo proceso de paz que a la larga llevará al tratado de paz del anticristo. Jerusalén, una ciudad olvidada durante dos mil años, se convierte de nuevo en el foco de atención mundial. Tanto israelitas como palestinos la reclaman como su capital y ella se convertirá en una «piedra pesada», ¡exactamente como lo profetizara el profeta Zacarías! Recuerde que nada de esto sucedió hace mil, quinientos o doscientos años. *¡Sucedió en esta misma generación!*

2. *New York Times*, mayo 15 de 1948.

Un libro de texto geopolítico para la década de los noventa

El regreso de Israel a su patria está lejos de ser el único acontecimiento geopolítico profetizado para la generación de los últimos días. Recuerde que el imperio romano jugo un papel importante en el escenario mundial en la época de Jesús. Es más, fueron las legiones romanas comandadas por Tito en el año 70 las que destruyeron a Jerusalén y el templo, empezando dos mil años de exilio que aguantaron los hijos de Abraham, Isaac y Jacob. El mismo imperio romano desapareció, cuatrocientos años después, de las páginas de la historia mundial.

Pero Dios nos dijo que así como Israel se reuniría en los días postreros, su gran enemigo también reviviría. Hoy día, la misma generación que vio el renacimiento de Israel ve también cómo la Comunidad Europea se dirige al centro del escenario mundial. Ningún empresario negará que esta comunidad formará el núcleo de la economía mundial en los días venideros. Ningún político negará que allí será la base del nuevo orden mundial.

En esa misma generación (*esta* generación) se ha formado en el norte de Israel un poder militar como nunca antes ha visto el mundo. Aunque muchos proclaman que «la Unión Soviética está muerta», la verdad es que los militares podrían convertirla en una de las superpotencias mundiales que todavía existen. Se han desmantelado algunas de sus armas, ¡pero desmantelar es muy diferente a destruir!

Las naciones que comprendían la Unión Soviética, las cuales poseen hoy sus armas, son más inestables de lo que era la antigua superpotencia. Cuando usted observa la composición de las partes surorientales del antiguo imperio se da cuenta de que se parecen mucho más a Irán que a Rusia. Ese podría ser en algún momento solo un blanco para esas armas, e Israel lo sabe.

Exactamente como lo profetiza Ezequiel 38 y 39, una gigantesca maquinaria militar se asienta en el norte de Israel.

Tres de los más prominentes poderes geopolíticos actuales nacieron en la misma generación y a todos ellos se les profetizó como grandes actores en los días postreros. ¿Qué posibilidades hay de que sean mera coincidencia?

El principio de los dolores

Una de las críticas más frecuentes que hemos oído acerca de la profecía bíblica se dirige a Mateo 24.6-8, en la cual Jesús predijo que justo antes del fin:

> Oiréis de guerras y rumores de guerras ... se levantará nación contra nación, y reino contra reino; y habrá pestes, y hambres, y terremotos en diferentes lugares. Y todo esto será principio de dolores.

Los escépticos a menudo replican que «siempre ha habido terremotos, hambrunas y pestes. ¿Qué hace que esta generación sea diferente?»

Lo primero que debemos señalar es que cuando nuestro Señor habló de estas calamidades, se refirió a ellas como «el principio de dolores» o «dolores de parto», como dice el lenguaje original. Por consiguiente, Él no dijo que esas cosas ocurrirían solo en los últimos días sino que como los dolores de parto, se volverían más intensos en los días finales.

Sin embargo, ya que esta pregunta se hace con mucha frecuencia, enfoquémonos solo en dos de esas señales llamadas generales, de las que Jesús nos dijo serían parte del «principio de dolores»: los terremotos y las pestes.

Aumentan los terremotos

Jesús dijo específicamente a sus discípulos que en los días finales habrá «terremotos en diferentes lugares». Hoy día los terremotos están ocurriendo en lugares como Egipto (diciembre de 1992), donde no se había registrado antes ningún terremoto. Además, los terremotos como el reciente de Japón (julio de 1993) están creciendo en frecuencia y magnitud. Este aumento ha sido tan grande que una dama muy querida hizo un cartel para nuestro autobús en un viaje que hicimos a Israel hace poco. Ella cambió el nombre de nuestro programa de televisión, de «Esta semana en la profecía bíblica» a ¡«Esta semana en los terremotos»! Parece que cada vez que abrimos el periódico, nos enteramos de un terremoto importante en alguna parte del mundo.

Por supuesto, también es cierto que ahora los monitores sísmicos registran terremotos en el fondo de los océanos y en niveles remotos de las montañas. Así que los escépticos algunas veces exclaman: «En realidad ni el número ni la magnitud de terremotos aumenta. Lo que sucede es que hoy día tenemos mejores equipos para rastrearlos».

Aunque este argumento parece perfectamente razonable, ¡la verdad es que cuando la tierra se sacude con violencia, los edificios se caen y se mueren miles de personas, usted no necesita tecnología complicada para saber que ha habido un terremoto!

Terremotos de 6,5 o más, o que ocasionan muertes o graves daños		
1900-1969	48 terremotos	*Promedio:* 6 por década
1970-1989	33 terremotos	*Promedio:* 17 por década
Enero-Julio 1990	10 terremotos	*Promedio:* 10 cada 6 meses
Julio 1990-Octubre 1992	133 terremotos	*Promedio:* 4.93 por mes (600 por década)

Fuente: Energía, Minas y Recursos del Canadá

Sin embargo, decidimos investigar el registro histórico de terremotos. Contamos solamente los terremotos importantes para asegurarnos de que respondíamos a la inquietud de los escépticos de si ahora estamos detectando mejor los terremotos o si en realidad han ocurrido más en todo el mundo.

Según el Almanaque Mundial Canadiense de 1992, 48 terremotos importantes sacudieron el mundo entre 1900 y 1969, promediando 6 cada diez años. A comienzos de 1970 se empezó a desarrollar un nuevo patrón. De 1970 a 1989 estremecieron varias partes del mundo 33 grandes terremotos, o sea casi 17 por década. En los primeros seis meses de 1990, diez grandes terremotos mataron más de cien mil personas. La frecuencia durante este período aumentó de seis terremotos graves cada diez años a diez cada seis meses.

De modo que surge la pregunta: ¿Son las estadísticas de 1990 una casualidad o la evidencia de un patrón continuo? Para averiguarlo llamamos a Energía, Minas y Recursos de Canadá, en Ottawa, la fuente del almanaque. Bob North, del departamento de sismología, nos envió una lista de los más grandes sismos desde julio de 1990. Le pedimos que utilizara las mismas normas que usamos para preparar la lista para el almanaque.

Bob enumeró los principales terremotos de julio de 1990 hasta octubre 12 de 1992. (Sabemos por nuevos informes que se han sentido muchos otros grandes sismos a partir de esta comunicación.) La lista tenía diez páginas de largo y mostraba que en solo dos años anteriores, 133 terremotos habían sacudido el planeta.

Esto de ninguna manera puede ser ficción. Jesús nos dijo muy claramente que en los días finales los terremotos, como los dolores de parto, aumentarían en intensidad y frecuencia. *Esto está sucediendo.* Lo único que tuvimos que hacer fue comprobar los hechos.

El SIDA y otras pestes

La segunda clase de desastre que mencionó Jesús en Mateo 24.7 fueron las pestes. Aunque por lo general no caen en la categoría de «desastres naturales», el aumento en las enfermedades y pestes en los últimos años es el resultado natural de la guerra y la hambruna, otros dos males que Jesús mencionó en estos mismos versículos.

Estamos escuchando informes cada vez más trágicos de enfermedades que creíamos erradicadas y que reaparecen con efectos más mortales. Ha vuelto la polio, que una vez se pensó que había desaparecido por medio de la vacuna del doctor Jonas Salk. También está regresando la tuberculosis, que una vez creímos que se había erradicado. Cada vez se vuelven menos eficaces la penicilina y otros antibióticos que se utilizaron para controlar las enfermedades.

John Cionci, médico y corresponsal de «Esta semana en la profecía bíblica», dijo que uno de los factores que más contribuyen al aumento de las pestes son los viajes en la era espacial. Los aviones vuelven a las epidemias en plagas globales.

Nuestra sociedad mundial ha dado una exposición global a los problemas que eran aislados. Mientras más y más comercios y gobiernos envíen sus representantes alrededor del mundo, ningún país se haya inmune al estallido de importantes plagas y enfermedades. La enfermedad viaja estos días en el mundo en la primera clase de los aviones jumbo.

Posiblemente el SIDA es la peor plaga en la historia humana. Se estima que la enfermedad ha matado más de 152.000 personas solo en los Estados Unidos.[3] En otras partes del mundo, en particular África y el Caribe, el ritmo de contagio es epidémico. ¡Se descubrió que el doce por ciento de todos los reclutas en Tailandia son HIV positivos! Fuentes

3. Prensa Asociada, 28 de octubre de 1992.

misioneras aseguran que casi el cincuenta por ciento de la población de Uganda está infectada con el virus HIV. Un misionero informa que los funcionarios del gobierno dijeron al pastor de una gran iglesia que durante 1993 se podía esperar que celebrara entre sus miembros una docena de funerales diarios por el ataque de SIDA.

La guerra que termina con todas las guerras

Otra profecía notable que parece calzar muy bien en esta generación se encuentra también en Mateo 24. Jesús describe en el versículo 22 las condiciones justo antes de su regreso: «Si aquellos días no fuesen acortados, nadie sería salvo».

Jesús quiso decir que si no se acortaran los días previos a su segunda venida, no sobreviviría en la superficie del planeta ningún hombre, mujer o niño. No quedaría vivo nadie que se esconda en una caverna, que viva en una isla desconocida o que acampe en un bosque remoto. Si Jesús se estaba refiriendo a una destrucción fraguada por la humanidad, como parece sugerir su lenguaje, debemos concluir entonces que nunca antes ha sido posible tal devastación universal; es decir, no hasta la actual era nuclear.

Además, hasta no hace mucho el hombre guerreaba con lanzas, arcos y flechas. Aun las guerras más importantes se hicieron primordialmente con armas convencionales (consideradas primitivas por los estándares modernos). Sin embargo, esta generación ha visto el holocausto de Hiroshima y Nagasaki, y la capacidad de las superpotencias actuales hacen que en comparación esos cataclismos parezcan casi insignificantes.

Se dice en esta era de la «postguerra fría» que el cincuenta por ciento de la investigación científica moderna involucra el desarrollo de armas. A pesar de las conversaciones y acuerdos de desarme, hay al menos un arma militar y sus correspondientes cuatro mil libras de explosivos por cada hombre, mujer y niño en el planeta.

Hasta esta generación, la humanidad sencillamente no tenía tal poder devastador. Hoy día poseemos la enorme capacidad de destruir toda carne, y la triste verdad es que si Dios no interviene, ¡lo haremos!

Todo el mundo quedará maravillado ante la bestia

En los dieciocho versículos de Apocalipsis 13 se nos habla de un orden global que muestra un gobierno mundial, una economía mundial, una fuerza militar mundial y hasta una religión mundial. Por primera vez en la historia, hoy vivimos exactamente en tal «comunidad global». Los viajes espaciales y los medios de comunicación masiva alteraron la estructura de nuestras vidas.

Si el anticristo va a ser el más absoluto controlador y conductor del mundo, deberá tener la capacidad de comunicarse con ese mundo. Por otra parte, no había sido posible que ninguna generación antes de la actual tuviera comunicación con todo el mundo. ¿Es posible eso hoy día? Pregúntele a Madonna, Yasser Arafat o Boris Yeltsin.

Un sistema monetario unificado

Propio de un sistema global es una economía global. Una vez más, esta generación cumple la condición. El decano en leyes de Harvard, Richard Cooper, sugiere lo que él mismo denominó un esquema radical:

> La creación de una moneda común para todas las democracias industriales, con una política monetaria común y una banca unida que determine esa política ... ¿Cómo podrían lograr esto los estados independientes? Deben llevar la decisión de política monetaria hacia la de organismo supranacional.[4]

4. Revista *Foreign Affairs*, otoño de 1984.

La revista *The Economist* anunció en 1988 la llegada de una economía mundial. El tedioso artículo, aunque hizo notar que la moneda internacional podría tardarse varios años, resaltó que «será más conveniente que las monedas nacionales de hoy día, lo que parecerá una causa curiosa de graves trastornos en la vida económica del siglo veinte».[5]

Según el artículo, el problema es que los gobiernos «no están listos para subordinar sus objetivos locales a la visión de la estabilidad económica internacional. Se necesitarán varios trastornos en las bolsas de cambio, unas cuantas quiebras en los mercados de valores y tal vez una o dos crisis económicas, antes de que los políticos estén dispuestos a enfrentar dicha alternativa».[6]

Alan Greenspan, presidente de la Junta de la Reserva Federal, ve con claridad el futuro: «No me preocupan las inversiones extranjeras en los Estados Unidos. Por el contrario, la integración de las economías del mundo es una tendencia conveniente».[7]

Los líderes del mundo predicen y reclaman una economía unida, un gobierno centralizado y un solo individuo que lleve a la humanidad hacia el tercer milenio. Seguramente estos cumplimientos proféticos parecen una alarma para quienes estén leyendo y recuerden lo que proclamaba nuestro profeta del juicio final: «El fin está cerca». Negar tal realidad es clavar la cabeza en la arena y esperar que desaparezcan las circunstancias.

Cuando digan: Paz y seguridad

¿Somos la generación final? Al hablar de ella, 1 Tesalonicenses 5.3 dice:

5. Citado por Peter Lalonde, *One World Under Antichrist*, Haarvest Publishers, Eugene, OR, 1991.
6. *Íbid.*
7. *Íbid.*

Cuando digan: Paz y seguridad, entonces vendrá sobre ellos destrucción repentina, como los dolores a la mujer encinta, y no escaparán.

Pablo recibió esta revelación hace dos mil años, y quinientos años antes Dios describió el anticristo a su profeta Daniel: «Con su sagacidad hará prosperar el engaño en su mano ... y sin aviso destruirá a muchos» (Daniel 8.25).

Hoy día, como en ninguna otra época de la historia, hombres y mujeres de todo el mundo están clamando por la paz. Aunque las guerras encarnizadas continúan por todas partes, los principales poderes disfrutan de una sensación de paz. Terminó la Guerra Fría y nos aseguran que un holocausto nuclear es una amenaza remota.

Aun quienes planean la amenaza de la guerra nuclear y el «fin del mundo» creen que la paz está aquí o que está muy cerca. Los científicos atómicos pusieron en marcha en 1945 el reloj del juicio final que indicaría la intensidad de la Guerra Fría y la posibilidad de un intercambio nuclear. Estuvo a punto de detenerse cerca de la medianoche (11:58) en 1953, después de que los Estados Unidos ensayaron la bomba de hidrógeno. Estos vigilantes pusieron el reloj a las 11:41 al final de la Guerra Fría en 1992 (el punto más lejano a la medianoche desde su inicio).[8]

El nuevo orden mundial

Una amplia gama de líderes mundiales están exigiendo una coalición de naciones para asegurar la paz. Mikhail Gorbachev y George Bush utilizaron la expresión «nuevo orden mundial» en sus escritos y discursos para concientizarnos. Hoy día, Bill Clinton, Boris Yeltsin y Helmut Kohl promocionan la misma visión. Esta nueva coalición se ha formado para traer la paz al mundo, pero los hombres no

8. Prensa Asociada, 27 de noviembre de 1991.

pueden traer la paz verdadera. Siempre fracasarán los esfuerzos del hombre en jugar a Dios. Tan admirable como es el deseo de paz y hermandad, también lo es la imposibilidad cuando ese deseo se diseña sin el Príncipe de paz y su fundamento.

Como en los tiempos bíblicos de la Torre de Babel, actualmente el hombre caído trata de crear un mundo a su imagen. Está intentando edificar un reino en el cual la sabiduría del hombre es suprema y la humanidad misma es el rey. En los hombres modernos todavía existe el eterno deseo de controlar su propio destino. Pero a pesar de sus fanfarrones reclamos, su sueño nunca se hará una total realidad. El canciller alemán Helmut Kohl vislumbra el día en que...

> Los Estados Unidos de Europa conformarán el núcleo de un orden lleno de paz ... la era profetizada desde antaño, en que todos vivirán seguros y nadie los hará temer.[9]

La profecía a la que Kohl se refiere es la descripción del reino milenial del Rey de reyes y Señor de señores, pero Kohl cree que el hombre mismo podrá crear tal día sin la necesidad de ningún Salvador. Kohl no está solo. Parece que esta idea ha venido con la época.

> Exactamente como el estado-nación fue en una época un paso en la evolución del gobierno ... ahora estamos entrando en una era de nueva interdependencia que exigen sistemas globales de gobierno para manejar los conflictos resultantes ... las tensiones crecientes no se pueden remediar mediante una sencilla propuesta de estado-nación. Será necesario un esfuerzo coordinado de toda la comunidad mundial.[10]

9. *Íbid*, 8 de junio de 1990.
10. Citado por J. Dwight Pentecost, *Things to Come*, Zondervan, Grand Rapids, MI, 1958.

Ese fue el núcleo de una carta pastoral del Congreso Nacional de Obispos Católicos. Sus prelados estuvieron de acuerdo. Juan Pablo II dice:

> Hoy día es de necesidad fundamental el establecimiento de un orden basado en la justicia y la paz como imperativo moral válido para todos los pueblos y regímenes ... Este es el único camino posible.[11]

Este deseo de un gobierno mundial trasciende las fronteras religiosas. Observe lo dicho por el Rev. Franklyn Richardson del Comité Central del Concilio Mundial de Iglesias:

> El Concilio Mundial de Iglesias ... que considero similar a las Naciones Unidas de la Iglesia ... Creo que el futuro del mundo es que nos estamos volviendo más una villa y que esta es una villa global ... Estamos en un mundo, en una comunidad ... la iglesia deberá ayudar al mundo a comprender que los Estados Unidos van a tener que llegar a aprender eso.[12]

Cuando la revista *Time* le preguntó acerca de los logros que debía esperar la humanidad en las décadas venideras, un experto en ciencias políticas dijo:

> El proyecto central de la humanidad debe ser algo así como la restauración de un sentido de comunidad ... Tal vez sea necesario abandonar algunos derechos individuales en favor de los comunitarios. No se puede tener la clase de cultura que hace incondicionales a los derechos humanos al mismo tiempo que se lucha por los comunitarios. Uno debe llegar a expensas del otro.[13]

11. Lalonde, *One World*, p. 269.
12. *Íbid.*
13. *Time*, «Más allá del año 2000».

No importa cuán admirables sean los objetivos de tal sociedad, si la actualización de ese sistema será el aterrador cumplimiento de una importante profecía bíblica. Sin embargo, los clamores son cada vez más fuertes, como lo son los gritos por un líder que muestre el camino.

El líder mundial

Nos hemos enfocado en Apocalipsis 13 para discutir la tecnología de la marca de la bestia. Allí se describe en detalle el aparente hombre de paz que la Biblia llama «la bestia»:

> Y se maravilló toda la tierra en pos de la bestia, y adoraron a la bestia, diciendo: ¿Quién como la bestia, y quién podrá luchar contra ella? ... Y la adoraron todos los moradores de la tierra cuyos nombres no estaban escritos en el libro de la vida del Cordero (Apocalipsis 13.3,4,8).

Aunque los hombres han buscado por siglos una personalidad mesiánica, es solo en esta generación cuando empiezan a hablar en serio de la desesperada necesidad de tal líder mundial.

Walter Cronkite, quizás el más respetado sostén en la industria noticiosa aun después de su jubilación, sintetiza el problema al afirmar: «Vivimos en un mundo sin director».[14] El historiador Arnold Toynbee escribió:

> Al imponer a la humanidad cada día más armas mortíferas, y al mismo tiempo al hacer que el mundo sea cada día más económicamente interdependiente, la tecnología ha llevado a la humanidad a tal grado de angustia que está lista para endiosar a cualquier nuevo César que logre traer unidad y paz al mundo.[15]

14. Lalonde, *One World*, p. 266.
15. *Íbid*.

Pero tal vez la búsqueda más atrevida de un hombre de paz y autoridad viene de Henry Spaack, exsecretario general de la Organización del Tratado del Atlántico Norte:

Queremos un hombre de suficiente importancia que consiga la lealtad de todas las personas y que nos saque de la ciénaga económica en que nos estamos hundiendo. Envíennos ese hombre y lo recibiremos, no importa que sea dios o demonio.[16]

De vuelta al panorama total

La reunión de estas profecías en la misma generación es mucho más que una gran coincidencia. Parece que todos esos acontecimientos están trabajando unidos para llevar a la humanidad a los hechos que el Señor profetizó hace mucho tiempo.

Los titulares de prensa se empiezan a llenar de exigencias de paz, de un nuevo orden mundial, de una economía global y hasta de una religión única. Todo parece tener lógica, pero lo que unos pocos tenemos en cuenta es que la misma lógica llevó una vez a la construcción de algo llamado la Torre de Babel.[17] Esto solo hoy podría ocurrir en el nivel global profetizado por la Biblia. ¡Nunca antes fue posible!

16. *Íbid.*
17. Véase Génesis 11.1-4. El punto clave es que los hombres estaban tratando de reunirse «por si fueran esparcidos». Aquí el hebreo significa «destruidos por completo». Las personas de hoy día intentan construir una torre de paz para no ser destruidos. Al igual que los hombres de Babel, los cuales se creían autosuficientes y que no necesitaban de Dios para cumplir sus propósitos, el hombre moderno trata de provocar por la «fuerza de la carne» lo que solo puede cumplir mediante el Príncipe de paz cuando regrese en poder y gran gloria. Los planes e intrigas del hombre, desde Babel hasta el movimiento de la Nueva Era, no han cambiado en absoluto.

Imagine... si puede

Quizás un poco de ejercicio mental le ayude a comprender la magnitud de lo que hemos dicho. Cierre los ojos e intente imaginar lo que podría ser este mundo dentro de dos mil años. ¿Qué nación o naciones estarían gobernando el planeta? ¿Qué naciones desbandadas se habrían reunido? ¿Qué alianzas estarían en efecto? ¿Cuál será el estado de las economías nacionales e internacionales? ¿Habría paz? ¿Estaría destruida una gran parte de la tierra por terremotos, guerra nuclear u otros desastres naturales provocados por el hombre? ¿Cómo sería la vida y la sociedad?

Usted sencillamente no puede imaginarlo, ¿verdad? Nosotros tampoco. Si usted es como nosotros, lo único que llega a nuestra mente es la imagen de George Jetson, su hijo Elroy y su perro Astro.

La verdad es que con lo rápido que cambian las condiciones, sería casi imposible responder a esas preguntas aunque vislumbráramos solo veinte años en el futuro. Son asombrosas las probabilidades en contra de la exacta predicción de solo un acontecimiento futuro.

Pero demos un paso adelante. Imagínese intentando predecir un suceso que ocurriría durante una generación específica en un período de dos mil años. Las probabilidades se saldrían de la imaginación. Ahora imagínese profetizando docenas de hechos específicos que suceden al mismo tiempo en esa sola generación. Exija además que esas docenas de hechos sean el foco principal en las primeras páginas de los periódicos de esa generación (carrera armamentista, paz en el Medio Oriente, economía mundial, nuevo orden mundial, etc.).

Usted estará de acuerdo en la improbabilidad de que nuestra mente finita pueda calcular las posibilidades de tener éxito en una sola de las predicciones. La tarea de hacer predicciones exactas es totalmente imposible... para el hombre. ¡Pero para Dios todo es posible!

Dios predijo a través de su profeta Isaías que Él, y solo Él, podría hacerlo.

Acordaos de esto, y tened vergüenza; volved en vosotros, prevaricadores. Acordaos de las cosas pasadas desde los tiempos antiguos; porque yo soy Dios, y no hay otro Dios, y nada hay semejante a mí, que anuncio lo por venir desde el principio, y desde la antigüedad lo que aún no era hecho; que digo: Mi consejo permanecerá, y haré todo lo que quiero ... Yo hablé, y lo haré venir; lo he pensado, y también lo haré (Isaías 46.8-11).

La profecía bíblica es una gran afirmación de que Dios es el único Dios verdadero. Nadie más que Él se atrevería a jugarse su reputación al predecir el futuro. Ninguna otra religión en el mundo incluye profecías en sus escritos sagrados. ¿Por qué? Porque los sistemas religiosos diseñados por los hombres no pueden correr el riesgo de ver como es demolido su castillo espiritual de naipes por los vientos contrarios de las profecías no cumplidas. No obstante, el único Dios verdadero nos ha mostrado precisa e inequívocamente la condición exacta del mundo anterior al regreso de Cristo.

Es extraordinaria la exactitud de la profecía bíblica en predecir estos acontecimientos monumentales.

¿Cómo podemos dudar de que *esta* generación es la primera totalmente capaz de ser la última generación? ¿Cómo podemos todavía ser escépticos del Único que nos dijo estas cosas hace miles de años?

Es espectacular la exactitud de la profecía bíblica en la predicción de estos sucesos del siglo veinte. Sin embargo, a pesar de esa precisión, muchos pasan por alto las advertencias. Creemos en «Esta semana en la profecía bíblica» que Dios nos ha llamado a documentar que está muy cerca el regreso de Cristo. Esta fe y esta gran esperanza no se han levantado en unas pocas profecías al azar y aisladas. Tampoco se han levantado sobre alguna interpretación exagerada, que requiere una imaginación vívida para concebirlas. Sencillamente se han levantado mediante la lectura de la Palabra de Dios y al poner la mirada en todos los principales acontecimientos novedosos de nuestra época. Usted no necesita un puñado de doctorados para hacer lo mismo.

Porque no os hemos dado a conocer el poder y la venida de nuestro Señor Jesucristo siguiendo fábulas artificiosas ... Tenemos también la palabra profética más segura, a la cual hacéis bien en estar atentos como a una antorcha que alumbra en lugar oscuro, hasta que el día esclarezca y el lucero de la mañana salga en vuestros corazones; entendiendo primero esto, que ninguna profecía de la Escritura es de interpretación privada, porque nunca la profecía fue traída por voluntad humana, sino que los santos hombres de Dios hablaron siendo inspirados por el Espíritu Santo (2 Pedro 1.16,19-21).

Un individuo sabio sabe lo suficiente para no hacer caso de una fábula. Pero solamente la peor clase de necio elige no prestar atención a la verdad. ¿Qué clase de persona es usted?

10

¿Cuál será su posición?

Ya viene el Armagedón. Llega rápidamente el día en que los ejércitos del anticristo se levantarán como uno solo para oponerse al regreso del Príncipe de paz. ¿Cuál será su posición en esta batalla que acabará con todas las batallas? Algunos podrían decir que tomarán tal decisión cuando empiece la batalla. Otros no dudan en pensar que estamos locos cuando hacemos esta pregunta. ¿Quién en sus cinco sentidos elegiría pelear a favor del anticristo en contra de Dios?

Sin embargo, millones toman tal decisión cada día cuando rechazan tan extraordinaria salvación como la que ofrece Dios a través de su Hijo Jesucristo. Porque ese es el meollo de lo que es el Armagedón. Es el mundo que dice: «¡No doblaremos nuestras rodillas ante nadie! Somos demasiado orgullosos. Somos demasiado poderosos. También somos importantes». Este es el espíritu del anticristo. También es lo contrario al espíritu de Cristo:

Y estando en la condición de hombre, se humilló a sí mismo, haciéndose obediente hasta la muerte, y muerte de cruz. Por lo cual Dios también le exaltó hasta lo sumo, y le dio un nombre que es sobre todo nombre, para que en el nombre de Jesús se doble toda rodilla de los que están en los cielos, y en la tierra, y debajo de la tierra; y toda lengua confiese que Jesucristo es el Señor, para gloria de Dios Padre (Filipenses 2.8-11).

Esto es exactamente lo que ocurrirá. A pesar de su rebeldía, ¡la rodilla de toda persona en el Armagedón se doblará y la lengua de cada uno confesará que Jesucristo es el Señor! No obstante, hoy día el Señor busca a quienes confiesen *voluntariamente* a Jesús como Señor y Salvador, y reconozcan sus pecados y el gran amor que Él les tiene.

De tal manera amó Dios al mundo [a la humanidad], que ha dado a su Hijo unigénito, para que todo aquel que en Él cree, no se pierda, mas tenga vida eterna (Juan 3.16).

Si confesares con tu boca que Jesús es el Señor, y creyeres en tu corazón que Dios le levantó de los muertos, serás salvo (Romanos 10.9).

Si confesamos nuestros pecados, Él es fiel y justo para perdonar nuestros pecados, y limpiarnos de toda maldad (1 Juan 1.9).

Hoy es el día de la salvación

Cada uno de nosotros enfrenta hoy día su Armagedón personal. Debemos elegir en qué lado estamos. Quienes rechacen a Dios estarán cada vez más cerca de una sutil, pero real decisión de unir sus fuerzas con el espíritu del anticristo, de blasfemar de Dios y de pelear contra Cristo en esta batalla sin esperanza. Usted ya está en uno de los dos únicos caminos. No hay otra alternativa.

Según las encuestas de opinión, una asombrosa mayoría de estadounidenses creen que pasarán la eternidad en el cielo (entre el noventa y tres y el noventa y cinco por ciento). Sin embargo, por el deterioro y la decadencia moral en occidente, es obvio que tal mayoría no tienen el amor de Cristo en sus corazones. A pesar de lo que dicen algunos predicadores, los Estados Unidos y Canadá no se están volviendo más piadosos. Es más, la verdad es lo contrario.

Muchas de esas personas que creen que irán al cielo aparentemente piensan que merecen ir debido a que nacieron en naciones «cristianas», porque sus familiares hacen bodas y funerales en iglesias cristianas, o porque sus antepasados fueron miembros de tales iglesias. Pero ninguna de esas credenciales conseguirán que un solo individuo vaya al cielo.

Debemos elegir en qué lado estamos. Quienes rechacen a Dios estarán cada vez más cerca de una sutil pero real decisión de unir sus fuerzas con el espíritu del anticristo.

Otros señalan que son buenas personas. No patean al gato del vecino o roban poco en sus impuestos. Pero nada de esto tiene relación con el destino eterno de una persona. La Biblia dice claramente en Romanos 3.23 que «todos pecaron y están destituidos de la gloria de Dios». Juan dice que es mentiroso todo aquel que afirme no tener pecado (1 Juan 1.8,10).

Sin importar cuán buena persona sea usted, ante los ojos justos de Dios todavía es un pecador y no puede ser suficientemente bueno.

Imagine que usted fue un gran atleta que ganó una medalla olímpica en salto alto. No importa cuánto talento haya tenido, nunca pudo saltar hasta la luna.

Esta es una comparación de nuestros esfuerzos de llegar a Dios por medio de nuestras buenas obras. Nadie puede hacerlo. Sin embargo, ¡gracias a Dios que no lo tenemos que hacer!

El precio ha sido pagado

Dios sabía que no podríamos lograrlo. Toda la ley en el Antiguo Testamento fue una prueba sencilla de cuán buenos tendríamos que ser para llegar a Dios por nuestros propios méritos. El abismo del pecado que nos separa de Dios es demasiado grande para que lo podamos atravesar.

Por eso Dios pagó el precio por nosotros. Él envió a Jesús, su Hijo engendrado, a pagar por los pecados de toda la humanidad. Jesús, quien no conoció pecado, se convirtió en nuestra ofrenda por el pecado. Él ofreció su propia vida a Dios como propiciación de nuestros pecados. Sufrió voluntariamente la agonía e indignidad de la cruel cruz del Calvario, para hacer posible que usted y yo no vayamos al castigo eterno y disfrutemos la vida eterna junto a Él.

De tal manera amó Dios al mundo [a la humanidad], que ha dado a su Hijo unigénito, para que todo aquel que en Él cree, no se pierda, mas tenga vida eterna (Juan 3.16).

Jesús murió por los pecados de toda la humanidad. Usted solo debe reconocer que es un pecador y que necesita un Salvador, y luego aceptar el sacrificio que Él hizo por usted. Quienes hemos hecho eso somos sencillamente los «redimidos» del Señor Jesús. Por medio del derramamiento de su sangre, Él nos redimió, nos compró y nos llevó de nuevo al Padre. Puesto que nos hemos reconciliado con Dios, somos sus hijos por adopción.

Ahora mismo, mientras lee este libro, usted puede convertirse en uno de los redimidos del Señor. Si admite que es un pecador, si confiesa sus pecados y si le pide a Dios que lo perdone en base a que Jesús ya pagó el precio por ellos, entonces Dios lo perdonará. «Si confesamos nuestros pecados, Él es fiel y justo para perdonar nuestros pecados» (1 Juan 1.9). La sangre de Jesús nos limpia de toda maldad. Sus pecados serán lavados por la sangre de Cristo.

La salvación es un regalo de Dios. El perdón de los pecados se concede en base a la gracia y misericordia de Dios. No podemos ganar el perdón. Ninguna buena obra puede salvarnos. Sin embargo, ¡usted puede *hoy* obtener el perdón de sus pecados y la libertad en Cristo Jesús!

El regreso al verdadero hogar

Si ese es su deseo, le animo a que diga la siguiente oración y a que sea totalmente sincero con Dios:

> Querido Padre que estás en los cielos, reconozco que soy un pecador y que merezco el fuego del infierno. Confieso en este momento mis pecados y te pido que perdones mi rebelión contra ti y mi rechazo a aceptar el amor de Cristo. Acepto el sacrificio que tu Hijo Jesús hizo por mí en la cruz del Calvario. Creo que tú lo resucitaste de la muerte y confieso con mi boca que Jesús es mi Señor. Gracias por escuchar esta oración y aceptarme en tu familia, porque la sangre de Cristo cubre mis pecados. A partir de este momento sé que soy salvo. Gracias Señor.

Estas son palabras sencillas. No hay nada complicado en los evangelios. Es más, la Biblia nos dice que el camino es tan sencillo que «el que anduviere en este camino, por torpe que sea, no se extraviará» (Isaías 35.8). No es difícil entender el evangelio. Nada podría ser más claro:

Si confesares con tu boca que Jesús es el Señor, y creyeres en tu corazón que Dios le levantó de los muertos, serás salvo (Romanos 10.9).

Hay un antiguo y sabio refrán que viene al caso: ¡Saber qué hacer no es el problema sino hacer lo que sabemos! Esto también es verdad en el mundo espiritual. Quizás el Señor ha estado tratando con usted durante mucho tiempo. Sin embargo, al igual que esas pobres almas en la batalla del Armagedón, usted ha escogido enfrentarse al Señor en vez de caer de rodillas ante Él.

Lo difícil no es pronunciar las palabras sino pronunciarlas con todo su corazón. Pero no tema, «porque Dios es el que en vosotros produce así el *querer* como el *hacer*, por su buena voluntad» (Filipenses 2.13). Dios es para usted. Él hace que usted se le acerque a través de su Espíritu. Él tiene un plan para su vida.

Pero es usted quien debe decidir. ¡Decida hoy a quién servirá!

La Biblia nos dice que los ángeles se regocijan cada vez que un pecador llega a Cristo. Nosotros ahora nos regocijamos con usted si tomó la decisión más importante de su vida. Solo podemos decirle: «*¡Bienvenido a casa!*»

Apéndice

Por favor, compruebe los hechos

Como lo aseguramos muchas veces en este libro, la profecía de la marca de la bestia es una de las predicciones más importantes en toda la Biblia. Esto se debe no solo a que la profecía ha llegado a ser conocida ampliamente en el mundo secular sino porque es muy clara y sencilla. El potencial para su cumplimiento en esta generación es una de las más poderosas herramientas que tenemos para testificar. El enemigo no puede cambiar esa realidad, solo puede tratar de desacreditar el mensaje y rodear la verdad con tanta información falsa que la verdad se pierde. También puede intentar que la discusión se enfoque en asuntos secundarios para enmascarar el verdadero significado del pasaje. Por supuesto, él utiliza esta táctica no solo en pasajes proféticos sino en toda la Palabra de Dios. La Biblia nos dice que no debemos ignorar las maquinaciones del enemigo, y debemos tener mucho cuidado para evitar caer en su trampa de descreditar la Palabra de Dios.

Pero regresemos al punto principal. El hecho de que no se entienda el significado espiritual de la marca de la bestia ha llevado a menudo a exagerar el énfasis en asuntos económicos secundarios. Esto en cambio ha dado como resultado una plétora de rumores ridículos y tontas supersticiones.

En su entusiasmo por convencer a los escépticos de que esta profecía ocurrirá pronto, muchos aficionados a la misma sensacionalizan frecuentemente la situación. Esto, por desgracia, ha contribuido a la apatía profética en vez de llevar al despertar profético.

Como todos los que propagan enseñanzas no bíblicas y rumores absurdos, estos sensacionalistas llevan oprobio a la Iglesia y al Señor. Por desgracia, las reacciones extrañas a las señales proféticas no se limitan a los ingenuos o inmaduros espirituales. Hasta respetables publicaciones cristianas y personajes de los medios de comunicación han caído en estas fantasías increíbles, tal vez porque no han tomado tiempo para verificar los detalles.

Abundan los falsos rumores

Un ejemplo excelente de rumores religiosos que se utilizan en beneficio propio, proviene de principios de la década de los ochenta. En todas las iglesias de Estados Unidos circuló la historia de que se habían emitido cheques de jubilaciones y del Seguro Social en los que se había impreso una restricción, según la cual el cheque se podría hacer efectivo solo si el portador tenía una marca en la mano derecha o en la frente.

Nos asombra que a pesar de lo dramática que parecía esta situación, ¡ninguno de los centenares de presuntos destinatarios se tomó la molestia de guardar su cheque o al menos de fotocopiarlo para probar que existieron! Para empeorar el asunto, los que esparcieron los rumores dijeron que, al ser puesto en evidencia, el gobierno informó que los cheques fueron emitidos prematuramente y que el necesario sistema de identificación estaría en funcionamiento solo a partir de 1984 (el año del Hermano Mayor de George Orwell).

A pesar de la falta de documentación creíble, gran cantidad de publicaciones cristianas informaron con gran rapidez esta falsa historia en todo el continente.

La computadora llamada «La Bestia»

Después se propagó el cuento de la computadora gigantesca llamada «La Bestia», que estaría asentada en Bruselas y que aparentemente rastrearía a toda persona en el planeta. El hecho de que nunca se documentaran evidencias concluyentes de sus capacidades no detuvo a los sensacionalistas.

En otro ejemplo, se informó que todo un pueblo de Suecia había recibido la «marca de la bestia» como prueba para su implementación mundial. Aun otro rumor sugería que a los trabajadores de alta seguridad en una instalación del gobierno en California se les había implantado micropastillas bajo la piel con propósitos de seguridad. En todos estos ejemplos nunca se dieron o se exigieron pruebas.

A través de los años en «Esta semana en la profecía bíblica» hemos hecho grandes esfuerzos para documentar el posible cumplimiento de la profecía. La documentación es la clave. No es necesario sensacionalizar la profecía de la marca de la bestia. Es suficientemente sensacional el hecho de que en el mundo moderno existan sistemas y tecnologías para hacer posible su cumplimiento. Los informes falsos y los rumores ridículos solo dañan la credibilidad de uno de los más poderosos pasajes bíblicos. Debemos tener sumo cuidado en cómo lo manejamos.

Un elemento de credibilidad

Rumores como los anteriores a menudo parecen tener ciertos elementos de credibilidad que los hacen de fácil aceptación y propagación. ¿Por qué? Tal vez debido a que supuestamente la fuente fue un cristiano digno de confianza. O quizás pudo ser el caso del juego del teléfono de lata, en que un jugador susurra una frase al oído de otro y este al siguiente. Cuando la frase llega a oídos de su creador, nunca es igual a la original. ¿Quién sabe dónde o cómo se originan los rumores? Lo lamentable es que algunas veces no parecen tener fin.

Consideremos un par de historias falsas que se han contado durante más de diez años en los círculos cristianos. Hasta el presente hemos recibido cartas acerca de esos rumores, aun cuando hace años se probó que eran falsos.

Uno de los rumores más extendidos involucra a Procter & Gamble, el fabricante estadounidense de detergentes y pastas dentales. Según el rumor, P&G supuestamente apoyaba a la iglesia satánica. Este cuento incluye también la «confirmación» basada en el supuesto símbolo satánico de las trece estrellas y la imagen del hombre en la luna que adornaban antes los empaques de P&G. Al fin los rumores enfermaron a la empresa, que retiró el símbolo de sus empaques.

Ninguna acusación es veraz. Una corte judicial obligó a la pareja que originó el rumor a pagar por los daños ocasionados a P&G. Parte de ese rumor es la historia de que un ejecutivo de P&G apareció en un programa nacional de televisión y admitió el apoyo de la empresa a la iglesia satánica. En realidad tal entrevista nunca se llevó a cabo.

Otra mentira involucró a la famosa atea, Madelyn Murray O'Hair y sus supuestos intentos de eliminar programas cristianos de la radio y la televisión. Los propagandistas de rumores nos dicen que ella había pedido a la Comisión Federal de Comunicaciones que hiciera desaparecer tales programas. Para frenar a esta archienemiga de Dios, varios millares de creyentes han hecho circular peticiones y las han enviado por correo a la FCC en un intento de parar a O'Hair.

La verdad es que hace casi diecisiete años *hubo* una petición que demandaba algunos cambios en los procedimientos que utilizaba FCC para regular la programación religiosa, pero la petición (que *no* inició O'Hair ni su organización) fue rechazada y se le echó tierra al asunto. Sin embargo, montones de peticiones continuaron inundando durante los últimos diez o quince años las instalaciones de FCC. Casi todos los principales ministerios cristianos han hecho esfuerzos para sofocar el rumor, pero este sale de nuevo a la superficie.

También se han esparcido rumores de que la diseñadora Liz Clairborne es cultista. Algunos la han confundido con la directora de un culto, la profetisa Elizabeth Clare, pero no se trata de las mismas personas.

Estos ejemplos muestran el poder y el peligro de los rumores. Ellos ocasionan confusión y malversan tiempo y dinero de la obra del reino verdadero. Estas quijotescas batallas hacen mucho daño a la Iglesia. Asimismo, esas informaciones absurdas relacionadas con la marca de la bestia han contribuido en gran manera a la actitud de indiferencia en la Iglesia hacia esta profecía clave y otras similares.

¿Cristianos supersticiosos?

La superstición juega un papel importante en los cuentos acerca de la marca de la bestia. Muchos cristianos firmes por nada en el mundo firmarían cheques con el número 666 por temor a la condenación de sus almas al castigo eterno. Otros saltan la página 666 de un extenso libro, por temor a que algún espíritu del anticristo salte de la página y los atrape. Aun otros cristianos se niegan a tener tres seis consecutivos en sus direcciones o números telefónicos.

Es necesario resaltar que en la vida diaria, el número 666 ocurre muy rara vez y de manera natural. Cuando ocurre, no tiene significado o fuente diabólica. El número en sí mismo no es maligno. Tener contacto con él no ocasiona demonización en una persona.

A los individuos que les gusta jugar con números (conocidos como numerólogos), con frecuencia tratan de identificar entidades diabólicas al calcular el «número de su nombre». Mediante un sistema sencillo, estos pronosticadores han identificado como el anticristo a varias personas o cosas.

Uno de tales sistemas asigna un valor numérico a cada letra del alfabeto español (esa sola restricción invalidaría cualquier conclusión): *A* igual a 6; *B* igual a 12; *C* igual a 18; etc. Con el uso de este sistema, los numerólogos han identificado a Adolf Hitler, Henry Kissinger y a la computadora como el anticristo, porque el valor numérico de sus nombres totaliza el místico 666.

En realidad, bajo tal sistema Adolf Hitler totalizaría 660 en vez de 666, a menos que se utilizara una letra inicial que debería ser la *A*. Kissinger se ajustaría si usted usa solo el apellido. La palabra *computadora* sumaría 762, y aunque utilice la palabra inglesa *computer*, que sumaría 666, no trate por favor de convencer a sus amigos de que el anticristo es una colección de circuitos y chips en una placa matriz.

Por supuesto, existen muchísimos nombres personales y sustantivos que totalizan 666 al usar este sistema. Sin embargo no tienen connotaciones negativas, mucho menos significado profético o satánico.

¿Probaría algo estos cálculos? Por supuesto que no. Podría parecer una diversión inofensiva, pero hay aficionados a la profecía que pasan horas haciendo tales cálculos para ubicar fechas, personas y acontecimientos en la profecía bíblica. Tales esfuerzos no solo son una pérdida de tiempo sino que crían discusiones y confusión en el Cuerpo de Cristo.

No hay duda de que las historias sensacionales y las ridículas supersticiones se incrementarán a medida que se acerca un nuevo milenio y el regreso del Señor. También es casi seguro de que muchos cristianos «inexpertos en la palabra de justicia» (Hebreos 5.13) ayudarán a esparcir estos cuentos sin hacer el intento de verificarlos.

Le ruego que no sea parte del problema de extender estos rumores. Sea parte de la solución, comprobando personalmente los rumores y exigiendo a las fuentes de ellos que verifiquen los hechos. Los llamados ministerios proféticos se reducirán a la mitad si seguimos esta sencilla advertencia.